## 社会实践剪影

桐乡未来乡村调研

调研座谈

参观新农村

# 社会实践剪影

东阳乡村文化调研

和乡村干部交流

参观新农村

## 社会实践剪影

黄岩共同富裕调研

政策讲解

参观新农村

# 社会实践剪影

缙云县乡村振兴调研

莲都区美丽乡村调研

常山县共同富裕调研

浙江省高校新型智库地方财政研究院智库丛书
浙江省哲学社会科学重点研究基地浙江财经大学地方财政研究院

# 未来乡村

WEILAI XIANGCUN

ZHEJIANG SHIJIAN DE
DIANXING ANLI

## 浙江实践的典型案例

余丽生 等著

中国财经出版传媒集团
中国财政经济出版社
·北 京·

**图书在版编目（CIP）数据**

未来乡村：浙江实践的典型案例／余丽生等著．--北京：中国财政经济出版社，2024.5
（浙江省高校新型智库地方财政研究院智库丛书）
ISBN 978－7－5223－3071－6

Ⅰ.①未…　Ⅱ.①余…　Ⅲ.①农村－社会主义建设－案例－浙江　Ⅳ.①F327.55

中国国家版本馆 CIP 数据核字（2024）第 076485 号

责任编辑：谷兴华　　责任印制：党　辉
封面设计：陈宇琰　　责任校对：张　凡

未来乡村：浙江实践的典型案例
WEILAI XIANGCUN：ZHEJIANG SHIJIAN DE DIANXING ANLI
中国财政经济出版社 出版
**URL**：http：//www.cfeph.cn
E－mail：cfeph@cfeph.cn

社址：北京市海淀区阜成路甲 28 号　邮政编码：100142
营销中心电话：010－88191522
天猫网店：中国财政经济出版社旗舰店
网址：https：//zgczjjcbs.tmall.com
中煤（北京）印务有限公司印刷　各地新华书店经销
成品尺寸：170mm×240mm　16 开　15 印张　210 000 字
2024 年 5 月第 1 版　2024 年 5 月北京第 1 次印刷
定价：65.00 元
ISBN 978－7－5223－3071－6
（图书出现印装问题，本社负责调换，电话：010－88190548）
本社图书质量投诉电话：010－88190744
**打击盗版举报热线：010－88191661　QQ：2242791300**

# 前言

PREFACE

未来已来，走向未来。面对未来，我们将面临不少挑战，而主动谋划未来是应对挑战的有效途径。

农业、农村、农民问题（“三农”问题）始终是我国经济社会发展的重点。没有农业现代化就没有社会主义现代化，没有美丽乡村就没有美丽中国，没有农民的富裕就没有共同富裕。让农业增产增效、让乡村和美、让农民富裕是未来乡村发展的目标，也是乡村未来需要不断突破的方向。

如何把乡村建设好、发展好，党的十九大提出“实施乡村振兴战略”，明确要求“要坚持农业农村优先发展，按照产业振兴、生态宜居、乡风文明、治理有效、生活富裕的总要求，建立健全城乡融合发展体制机制和政策体系，加快推进农业农村现代化”。乡村振兴涉及产业振兴、人才振兴、文化振兴、生态振兴、组织振兴，涉及农村经济社会发展的方方面面，是推进城乡融合发展，加快社会主义现代化建设的重要举措。党的二十大提出，要“全面推进乡村振兴”，要“坚持农业农村优先发展，坚持城乡融合发展，畅通城乡要素流通。加快建设农业强国，扎实推动乡村产业、人才、文化、生态、组织振兴”。浙江省作为经济发达省，十分重视农业、农村的发展，城乡统筹、城乡融合一直走在全国前列。早在2003年，浙江省就开始实施了“千村示范、万村整治”工程（以下简称“千万工程”），对农村的环境进行治理，推动农村发展、农业增效和农民增收。

党的十九大以来，按照实施乡村振兴战略的要求，浙江省进一步加大对农村的支持力度，加大公共财政对农村的投入，农村的居住环境、农业的发展条件、农民的生活质量明显改善，农村农民的幸福指数明显提升，城乡之间的差距进一步缩小。浙江省城乡居民收入分别从2003年的13 180元、5 431元增加到2023年的74 997元、40 311元，分别连续23年、39年居全国各省份第一位。浙江省城乡居民收入比从2003年的2.43∶1缩小到2023年的1.86∶1，并连续11年呈缩小态势，成为全国城乡收入差距最小的省份之一。

为了持续深化“千万工程”，促进共同富裕，根据浙江省委、省政府关于“全面推进乡村振兴、争创农业农村现代化先行省”的要求，2022年1月，浙江省政府办公厅出台了《关于开展未来乡村建设的指导意见》，并公布了100个“浙江省第一批未来乡村建设试点村”，同年3月又公布了278个“浙江省第二批未来乡村建设试点村”。“千万工程”实施以来，在美丽乡村建设的基础上，推进未来乡村建设。

理论是实践的指导，而实践又是理论的源泉，是推动理论发展的动力。按照“把科研做在祖国大地上、把论文写在祖国大地上”的要求，围绕未来乡村建设的要求、未来乡村试点的实践，我们到浙江省有关市县进行调查研究，向实践学习，向基层学习，向群众学习。尤其是2023年暑假，带领浙江财经大学的部分研究生、本科生团队到桐乡、东阳、诸暨等县市作社会调研，深入农村感受未来乡村建设的推进，深刻感受未来乡村建设给农村发展带来的变化。

没有调查就没有发言权。调查研究是一项辛苦的工作，既要付出体力，更要付出脑力，还牵涉很多精力，但其理论联系实际，是接触社会、了解社会的有效途径，也是解决问题的有效方法。整项调查研究工作由我主持并提出调研思路，同时负责撰写并对所有材料进行修改和统稿，调研工作得到了东阳、桐乡、常山、黄岩、莲都、诸暨、缙云、海宁、海盐、安吉、鄞州、海曙、萧山、钱塘、鹿城、瓯海、南湖、平阳、永康、景宁、长兴、兰溪等县（市、区）财政局、农业农村局等有关部门的大力支持。

参与社会实践并写作的研究生、大学生有贾志轩、李昊一、戴彬倩、潘毅帆、胡怡琳、李石艳、何彤晖、刘纾贝、吴昕仪、陈远杰、俞晓鹏、江婷、李晖、周婷婷、杨民、蒋珂晗、黄楚楚、施宇科、俞奕冰、郑深瑞、王梦韩、吴宇欢、吴锦婷、孙新、鲁于曦、徐明霞、钱芝瑜、鲍雨哲、陈玛伊尔、郑子贤、雷亮亮、罗茜、叶歆柔、黄萧颖、佟睿、林盈彤、王宇晗、姚彦冰、金雨轩、王逸凡、王陈曦、钟欣瑜、裘林江、徐若涵、陈虹颖、陈添丞、龚拓嘉、卢晓宝、郑沁、陈佳乐、徐茹倩、谷一可、付佳奕、陈旻舟、黄飘忆、朱孟婷、吕睿凝、张晗琛等。

未来乡村建设目标明确，任务艰巨，使命光荣，是全面推进乡村振兴的必然要求，也是高质量发展建设共同富裕示范区的必然选择，需要做的事情很多。在未来乡村建设实践中有成效的创新案例也很多，受工作职责和能力水平的限制，本书仅选择了部分县（市、区）的实践案例作研究，难免有错误和不当，敬请批评指正。

**余丽生**

2024 年 1 月

# 目录

CONTENTS

## 第四篇　文化发展与未来乡村



## 第五篇　绿色发展与未来乡村



## 第六篇　治理有效与未来乡村



## 第七篇　公共服务与未来乡村

# 导论：迈向未来乡村建设的实践探索

习近平总书记指出，人民对美好生活的向往就是我们的奋斗目标。建设美丽家园，奔向美好生活，推动城乡一体化发展，加快乡村振兴，实现共同富裕，是人民群众的共同期盼，也是社会主义的本质要求。如何把美好变成现实，如何把未来建设好，和未来社区、未来工厂一样，推动未来乡村建设是农村发展的要求。浙江省在“千万工程”的基础上，从农村的实际出发，以乡村振兴和共同富裕来谋划未来乡村，必将对农村的发展产生积极影响。农村和城市融合发展，推进了未来乡村建设，是农村发展的新要求，也是农村发展目标所在。

## 一、什么是未来乡村建设

建设未来乡村，必须对未来乡村有基本的判断和清晰的理解。未来乡村是在乡村振兴的基础上，立足于乡村原有资源生态特色，嵌入数字化、生态化、集成化等新技术元素，充分体现乡村集“三生融合”（生产、生活、生态融合）功能与城市“公共服务”功能于一体，以人本化、生态化和现代化为核心的宜居、宜业、宜游，共同富裕的美丽乡村、幸福乡村。

一是未来乡村体现在产业发展融合化。美丽乡村建设注重发展美丽经济新业态，大力发展乡村旅游、电子商务、运动健康等美丽经济，使农村经济得到长足发展。而构建未来乡村图景，需要落实农村产业融合化的发展。以工业反哺农业，实施科技强农和机械兴农，提高农业生产效率，推进农业龙头企业的发展。更新农业设备，对永久性农田进行集中整治，并在此基础上与第三产业融合，发展生态农业、休闲农业和体验农业。打造强大的村寨品牌、农产品品牌，利用数字经济开展农庆、农产品、风景线等活动营销。

二是未来乡村体现在公共服务便利化。美丽乡村建设统筹推进路、水、电、网、气、能等基础设施，大力发展农村科教文卫事业，为完善乡村基础公共设施打下坚实基础。未来乡村建设则在原有公共设施的基础上，更加注重公共服务的便利化。高水平建设农村公路，加密城乡公交班次，公共交通数字化走进乡村。完善农村医保制度，解决“看病难、看病贵”民生问题。要按人口密度，增加卫生院数量，打造便利的医疗圈。对独居老人、残疾人等特殊群体提供紧急呼救装置等服务。村内完善养老院、托儿所、餐饮、金融和电力等配套设施，完善村规民约，使老有所终、壮有所用、幼有所长、鳏寡孤独废弃者皆有所养。

三是未来乡村体现在生活方式低碳化。通过“千万工程”美丽乡村建设，逐步建立起覆盖全域、运作规范、处理高效、保障有力的农村生活垃圾集中收集有效处理体系，村庄干净整洁已成为常态。在人居环境改善的基础上，未来乡村建设致力于村民低碳意识树立。加快绿色农业的发展，减少化肥农药的使用率，加强对畜牧业污染的防治。同时，扎实做好节能减排工作，大力发展太阳能、水能、风能等可再生资源，优化天然气、电气等能源基础设施。完善农村居住环境管理，打造干净整洁的居住环境，对生活垃圾进行分类处理，对生活污水进行集中处理。建设农村生态角，展示已有成效的低碳措施，倡导“取之有度、用之有节”的低碳理念。

四是未来乡村体现在治理方式数字化。在美丽乡村建设过程中，更多依赖“人治”，但通过人工进行信息的归纳治理，会导致一定程度的滞后性。依托移动通信、区块链、物联网以及人工智能等新兴技术，未来乡村可形成数字化治理。运用大数据得出的议题可以更加贴合群众，解决民众诉求反映渠道的问题，村委会也能根据数据结论靶向出击，更有针对性地为民众办实事。迭代升级乡村教育、医疗、社保、养老、育婴、健康、文化等数字化应用，形成与“城市大脑”相对应的“乡村大脑”发展格局，推动城乡建设一体化发展。完善农村电子商务配套设施，发展农村电子商务经济，带动区域农产品的销售，发展农村电商经济新业态。将水文以及干旱、台风、泥石流等自然灾害预警纳入数字化体系，对自然灾害易发生的季节、地区进行实时监控，灾害情况数据及时预警和实时发布。

五是未来乡村体现在居民生活富裕化。美丽乡村建设更注重多渠道提升农民收入。而未来乡村则在此基础上，致力推动居民生活富裕化。因地制宜发展特色支柱性产业，形成产业链，带动乡村经济的发展。支持农业产业化组织发展壮大，结合电子商务经济，推动龙头企业的发展。依靠城市主体带动乡村产业的需求侧发展，增加农民收入。在环境整治的基础上，发展乡村旅游业。完善农村基础设施，降低村民的生活费用及生产成本。

## 二、浙江省未来乡村建设的实践

为持续深化“千万工程”，促进农民农村共同富裕，根据浙江省委、省政府关于全面推进乡村振兴、争创农业农村现代化先行省的有关部署，2022 年 2 月浙江省人民政府办公厅出台了《关于开展未来乡村建设的指导意见》，提出要以党建为统领，以人本化、生态化、数字化为建设方向，以原乡人、归乡人、新乡人为建设主体，以造场景、造邻里、造产业为建设途径，以有人来、有活干、有钱赚为建设定位，以乡土味、乡亲味、乡愁味为建设特色，打造未来产业、风貌、文化、邻里、健康、低碳、交通、智慧、治理等场景，集成“美丽乡村 + 数字乡村 + 共富乡村 + 人文乡村 + 善治乡村”建设，着力构建引领数字生活体验、呈现未来元素、彰显江南韵味的乡村新社区。自 2022 年开始，全省每年建设 200 个以上未来乡村。到 2025 年，全省将建设 1 000 个以上未来乡村。2022 年 1 月和 3 月，浙江省分别推出了第一批 100 个和第二批 278 个未来乡村试点名单，积极推进未来乡村建设的实践探索。

一是产业兴旺与未来乡村。乡村振兴中产业振兴是关键，没有产业支撑乡村未来的发展是难以为继的，这也是未来乡村建设的关键所在。未来乡村建设必须以产业的发展作为抓手，结合乡村的资源禀赋和发展优势，以提升乡村经济发展水平和农村居民收入，保持乡村未来发展的可持续性。如台州市黄岩区山前村2008年还是一个逢雨必涝的小山村，经济基础薄弱，人居环境水平亟待改善。山前村利用城市化推进过程中的区位优势，大力发展村集体经济，通过村内汽车4S店、菜市场、物流基地的建设，为村集体经济发展奠定了基础，尤其是小微园区的创立更是为村经济发展和产业振兴提供了新引擎。村域经济在短短十几年内迅速发展，2008年，山前村集体经济收入仅为89万元；2022年，山前村集体经济收入提高至3 500万元，村民人均收入上升至6.2万元，集体资产发展到7亿多元，成为远近闻名的幸福村。

二是产业融合发展与未来乡村。传统农村以第一产业为主，产业的附加值低，农民增收难度大，村集体增收更困难。未来乡村建设必须突破传统产业的瓶颈，大力发展第二、第三产业，以繁荣农村经济，增加农民收入。而要发展第二、第三产业，必须结合农村的资源优势和产业特色，把第一产业与第二、第三产业的发展结合起来，将乡村的资源优势转化为发展优势，实现产业的融合发展，才是乡村振兴、未来乡村发展的方向所在。如嘉兴市桐乡市荣星村以“千万工程”为契机，依托得天独厚的自然资源，统筹城乡一体化发展，开展城市近郊型田园乡村综合体试验，建立了与现代化要求相适应的新产业格局，形成了以推进农业农村现代化建设、丰富全面协调可持续内涵、发扬社会主义民主政治为主要内容的新发展模式。一方面，以推进规模化种植为抓手，依托流转土地建成的精品水果、生态苗木、水产养殖、优质水稻4个农田产业基地，推出集网上预约自由采摘、电商物流外发配送于一体的销售服务，改善了农业种植“低小散”的状况，丰富了产品经营模式，为村民增收致富提供了新路径。另一方面，以植物工厂、鱼菜共生为内容，以“互联网+智慧农业”和“互联网+医疗服务”为亮点，打造特色乡村生态休闲旅游线路，丰富了产业内容，激活了发展潜力。同时，荣星村依托物流市场，形成了集生产、科研、商贸、服务优势于一体的产业集群，不仅为发展第三产业提供了依靠，还盘活了村民闲置资产。2022年，荣星村实现了村级经济总收入575.36万元。

三是品牌打造与未来乡村。市场的竞争归根结底是品牌的竞争，只有将产品赋予品牌价值，才能够提升其在市场中的竞争力，赋能村庄实现更加良性有益的发展。如衢州市常山县达塘村2017年在新一届村“两委”的带领下，创建“天天早起、事事争先、年年攀升、人人追梦”的“早上好”兴村品牌。达塘村坚持“党建品牌化、品牌经营化”理念，深挖“早上好”品牌价值，孵化多元产业。达塘村通过流转全村域300余亩荒田，打造“早上好小白”茭白产业基地，带动村集体增收100万元，实现“一根茭白”撬动“一个市场”。同时，成立达塘早富贸易有限公司，开发蜂蜜、高粱酒、山茶油、会务服务等“早上好”系列产品，带动村民增收200余万元，实现“一个公司”带富“一方百姓”，真正实现以产业振兴助力乡村振兴。又如，湖州市安吉县白杨村积极落实绿水青山就是金山银山的发展理念，将生态优势转化发展优势，将本土化、原生态放在发展首位，以休闲文旅为产业核心，培育新经济、新业态，推动产业迭代升级，打造精品民宿、露营地、特色餐饮等多元化业态，促进一二三产业融合，利用自然、历史、文化、产业资源，通过差异化定位，打造“春风白杨”乡村旅游品牌，走出了一条独具特色的乡村品牌化经营之路。白杨村通过整合农村资源，吸纳社会资本，组建成立强村公司，村集体直接投资建设、管理、运营，实现“资源变资产，资金变股金，农民变股东”，推进农业农村现代化，助力共同富裕，推动乡村振兴。2022年，达塘村集体经营性收入为366万元，村民人均收入为4.7万元。

四是数字化治理与未来乡村。在美丽乡村的基础上打造未来乡村，是乡村发展的方向，而未来乡村又依赖于数字化的支撑，是数字化和乡村发展的有机融合。如桐乡市墅丰村以数字化改革为抓手，依托江南传统村落的特色风貌，改善了农房立面、荷花池、游步道、景观绿化和灯光配套等设施；以丰子恺漫画为特色文化定位，打造了集漫画文创和研学为主题的子恺漫画村。同时，推动了子恺餐厅、子恺漫居、子恺漫屋、子恺染坊、振华书院、子恺画校、美斋等业态的发展，并通过整合华腾猪舍里、新天泽庄园、甜柿园、蓝莓园、百豆园等多个农庄，实现了整体运营和协同发展。2022 年，墅丰村村级经济总收入达到 1 738.83 万元，村级经常性收入为 299.02 万元，村级经营性收入为 91.63 万元。

五是公共服务建设与未来乡村。发展经济的目的是满足人民群众对美好生活的追求，实现这一目标的根本途径是发展经济，提高公共服务水平，提高人民群众的收入水平，推动共同富裕建设。台州市黄岩区西范村坚持民生需求导向，充分保护老年人权益，建造村老人协会大楼、村老年公寓，公寓内设施齐全，有影视播放室、健康检查室、心理疏导室、娱乐室等，室外有健身器材，楼顶还有球场，满足老人多样化、多层次的养老需求。同时，西范村还十分重视村民的福利事业，对 60 周岁以上老人每年补贴 1 800 元，90 周岁以上老人每年发放长寿金 1 000 元，100 周岁以上老人每年发放长寿金 5 000 元。西范村通过切实的老年福利给出了小康社会“老有所养，老有所乐”的幸福范本。

## 三、推动未来乡村建设的政策建议

按照未来乡村建设的要求和政府财力的可能，地方财政必须加大对未来乡村的投入，把有限的财政资金用好，发挥更大的效用，推动未来乡村建设的加快发展。

一是财政制度上要公平优先，推荐城乡的融合发展。由于城乡二元结合的存在，乡村在教育、医疗、文化、娱乐、住房等方面与城镇的差异，未来乡村建设核心要逐步突破城乡的界限，使城乡有机融合。通过政府公共资源和公共服务向农村辐射和延伸，均衡城乡教育资源、缩小城乡医疗差距、推动农村文化发展等，以公平为原则优化资源配置，推动乡村的建设与发展。

二是财政资金上要突出重点，优先保障民生事业发展。农村的发展建设是一个长远的、动态的过程，而财政资金的有限决定了财政资金的使用必须突出重点。未来乡村建设涉及范围非常广，涵盖教育、医疗、科技、文化等各个方面，对财政资金的需求大，财政在资金的使用上要突出重点，必须加大对财政资金的整合力度，并将资金的安排使用权下放给基层财政。基层财政再根据实际情况，划分农村建设项目的重要程度，将财政资金精准运用，推进未来乡村的建设与发展。

三是财政政策上要发挥功能，推动多元化投入。财政资金总是有限的，而未来乡村建设的需求是巨大的，面对不断增加的资金需要，财政政策的着眼点是要符合政策功能，即“四两拨千斤”，引导更多的社会资本投资未来乡村。根据浙江省委、省政府关于强化乡村振兴战略投入保障的要求，在省农业基金基础上整合设立总规模为100亿元的省乡村振兴投资基金，积极推动投资项目加快落地，引导社会资本支持乡村振兴。只有财政尽力而为，确保基础建设资金的充足，农村建设才能够稳步有序地开展。

四是财政投资上要统筹兼顾，处理好政府和市场的关系。财政职能决定了财政是最适合用统筹兼顾方法实施宏观政策的工具。在未来乡村建设过程中不能完全依赖市场的配置，凡是不能由市场有效提供的公共产品和服务，如缩小收入分配差距、保护环境、改善基础公共设施、健全医疗体系等，必然要由政府来提供。财政调控就是要实现社会总需求和总供给的平衡，推动未来乡村的发展。所以，在统筹兼顾的过程中更应该注重效率与公平，通过税收、补贴、债券等方式进行调控，可以进一步弥补市场分配的不足，推动未来乡村建设稳步发展。

五是财政管理上要全面实施绩效管理，增强财政资金的使用效果。在财政绩效管理上应该建立完善的财政绩效管理方案，制定明确的管理目标，并配以科学的评价办法。评价的过程应公平、准确，评价的结果应公开、公正。一些短期不会带来明显收益的项目，更加需要一个合理的财政绩效管理要求。依托互联网、大数据、人工智能等新兴技术的发展，财政绩效管理趋于数字化。另外，财政绩效管理数字化也可以进一步提高管理效率，降低不必要的人力成本，更加有序、有效地提高未来建设水平。

未来已来，面对未来，乡村只有不断创新，把乡村融入发展的大环境，推动高质量发展，才能更好走向未来，创造乡村美好的未来。

# 第一篇

# 多元融合与未来乡村

# 墅丰村：数字化改革赋能乡村发展

在美丽乡村的基础上打造未来乡村，是乡村发展的方向，而未来乡村又依赖于数字化的支撑，是数字化和乡村发展的有机融合。作为未来乡村试点的墅丰村位于桐乡市石门镇北部，村内面积 4.92 平方公里，农户 889 户。近年来，在政府政策的大力支持下，墅丰村以数字化改革为抓手，依托江南传统村落的特色风貌，改善了农房立面、荷花池、游步道、景观绿化和灯光配套等设施；以丰子恺漫画为特色文化定位，打造了集漫画文创和研学为主题的子恺漫画村。同时，推动了子恺餐厅、子恺漫居、子恺漫屋、子恺染坊、振华书院、子恺画校、美斋等业态的发展，并通过整合华腾猪舍里、新天泽庄园、甜柿园、蓝莓园、百豆园等多个农庄，实现了整体运营和协同发展。2022 年，墅丰村村级经济总收入达到 1 738.83 万元，村级经常性收入为 299.02 万元，村级经营性收入为 91.63 万元。墅丰村获得了国家森林村、省级美丽乡村特色精品村、善治示范村、3A 级景区村庄、首批省级未来乡村等荣誉称号。

## 一、数字化改革的主要做法

作为未来乡村试点村，墅丰村以“千万工程”为抓手，聚焦“红色、农耕、子恺”三大文化，结合现代农业和数字化改革实践，打造子恺漫画村、农业综合服务中心、红色美丽村庄、未来猪场、太秋甜柿基地等典型示范场景，持续提升乡村风貌，不断丰富乡村产业，逐渐形成了产业富美、环境秀美、文化尚美、村庄和美的美丽乡村图景。

### （一）建立积分机制，助推美丽乡村环境建设

墅丰村秉持“未来乡村发展其实就是要更好为百姓谋福利、争民生，将各类措施落到实处，设身处地为百姓着想”的原则，村里通过有效沟通，争取各方的协作合作，建立村民积分机制，将垃圾分类、住宅卫生、邻里和睦等乡村建设要点落实到“分”，根据完成情况进行积分增减，并设置一户一码，在线查看积分，做到“有过必罚，有功必赏”。后续结合积分兑换体系，利用积分兑换制度将资源重新反馈至村民，有效直观地提升村民幸福感，做到了真正为百姓谋福利。

### （二）创新服务体系，加速信息技术助力生活

墅丰村的发展抓到了大数据发展的趋势，力求建设“未来嘉乡”。生活方面，未来乡村共享食堂通过小程序和志愿服务，实现惠老助老、服务自由、时间银行“三合一”，成功利用大数据解决老年人用餐不便问题，创新村民自助用餐模式，营造和谐、便捷、绿色就餐环境；墅丰村创新智慧治理模式，深化“三治”融合与智慧化场景兼容，打造无人超市、智慧停车、健康小屋、数智生活馆等数字化场景，完善“未来墅丰”管理平台，让村民更好融入“数字生活”，让乡村治理更加智慧高效。产业方面，墅丰村建有现代农业创新服务中心，通过设置桐乡特色农产品展销厅、助农精选公共直播间和开放式厨房，直观展示了数字化监测作物生长、动物养殖技术，同时达到丰富销售渠道，助力产销对接的目的。利用大数据在传统农业基础上形成了第一产业和第三产业融合互助的新形式、新业态、新模式，成功利用数智信息技术构建了宜居、宜业、宜游，全域共美、环境秀美、数智增美、活力强美、风尚淳美、生活甜美的“ 三宜六美”发展格局。

### （三）挖掘文化底蕴，赋能乡村发展持续动力

墅丰村的未来乡村规划在旅游业上，一方面，通过挖掘文化传承、

文化故事进一步展现乡村历史底蕴和文化背景。作为桐乡第一个党组织的诞生地，墅丰村充分激活“红色基因”，从“百年墅社桥、百年银杏、百年水闸”出发，通过党建服务馆向游客展示红色遗迹、红色展陈、红色研学成果，融红色课堂、红色剧场为一体，成功将墅丰村打造为红色美村。不仅着眼于文化展示，墅丰村还设计了红色研学线路，通过红色电影鉴赏、红色主题游学等不同的红色研学项目，寓教于乐，让游客在游学中沉浸式体验党建文化，年培训人数已高达5 000人次。另一方面，墅丰村聚焦子恺乡村农文旅文化定位，利用丰子恺先生留下的丰厚文化遗产助推业态招引，打造子恺漫画村，让子恺文化深度融入当地的生活，创新“乡贤回归”“名家引领”等文艺介入乡村建设新路径、新模式，增添了人文底蕴，带动了乡村经济发展，丰富了村民精神生活。

### （四）政府政策支持，保障未来乡村持续发展

推进“千万工程”，建设宜居宜业和美乡村，不仅需要村民和村干部的合作努力，相关政策的出台更是在保障乡村振兴战略顺利实施中发挥着重大作用。墅丰村以“整村整建整推进”为核心理念，积极整合村庄各类资源，争取各级财政扶持项目，先后争取到美丽乡村精品线、未来乡村等各类项目资金。曾经的墅丰村是一个传统农业村，依托这一区位优势，墅丰村坚持抓党建促乡村振兴，成功招引多个数字农业项目入驻；同时，因地制宜发展特色水果产业，建立水果专业合作社，全村水果种植面积超千亩，产值超600万元，不断织密产业振兴“致富网”。墅丰村利用子恺文化定位，引进子恺漫居、子恺染坊、子恺画校、子恺餐厅等20个业态，平均每户每年可增加租金收入2万元。此外，其打造的红色美村·“子恺漫画”共富工坊，带动农民在家门口实现就业，月均增收达2 300元。结合利用自身红色文化、子恺文化、农耕文化，墅丰村在2022年累计接待游客3.4万人次，实现营业收入156万元，带动村集体经营性收入增收30万元。墅丰村一方面编制村庄规划，通过开展土地全域整治，解决发展用地问题，另一方面结合桐乡市农业经济开发区建设，积极引进农创客和大学生返乡，为乡村发展提供人才支撑，既

塑造了现代乡村风貌，充分展示了乡村之美，又生动诠释了中国式乡村现代化的进程。

## 二、数字化改革的主要成效

墅丰村持续提升乡村风貌，不断丰富乡村产业，逐渐形成了产业富美、环境秀美、文化尚美、村庄和美的江南水乡画卷，彰显了墅丰村在文化创意助力乡村振兴方面的积极探索和卓越成就。

### （一）文化创意助力乡村振兴，实现了村容村貌焕然一新

墅丰村通过发掘文化资源，将丰子恺漫画作为核心，成功地将文化之力注入乡村建设，取得了显著成效。通过整治提升村庄风貌、改造村庄肌理、统一农房立面风格等措施，墅丰村的村容村貌焕然一新。同时，将丰子恺漫画元素全面植入乡村建设，通过墙绘、景观等形式，将漫画中的黄牛、孩童、荷塘变成立体景观，将柿子树、杭白菊作为主流绿化，打造了以江南水乡为特色的墅丰村。此外，墅丰村还建设了子恺画校、宋雪君工作室，打造了子恺餐厅、子恺漫居，将丰子恺先生的家风家训传承给学生，复原了丰家特色菜肴“丰家八碗”，将子恺文化融入日常生活中。这些措施的实施使墅丰村成为一个充满丰子恺漫画文化的特色村落。通过文化引领乡村建设，墅丰村的乡村文化得以焕发活力，村民精神得到富足的滋养，同时也为墅丰村的发展带来了积极的助益。

### （二）创新驱动乡村经济繁荣，达到了显著的增收效益

墅丰村在产业经济方面采取了一系列创新措施，取得了显著的成效。首先，墅丰村通过创新农房经营模式，将闲置的农房改造为民宿、商铺等，有效地利用了农村的闲置资源。农民通过出租或自营农房的方式增加收入，户均增收近 5 万元。其次，墅丰村创新整村运营模式，建立利益联结机制，组建了镇级乡村运营公司，统筹美丽乡村的运营工作。通过举办子恺文化主题活动，并打造时间银行、银发课堂、校外课堂，年

累计吸引了4万人次的游客，营业收入达到170万元，带动了村集体经营性收入增收超过40万元。墅丰村的村集体总收入和人均可支配收入在过去几年中显著增长，分别增长了228%和114%。墅丰村的成功实践为其他乡村提供了借鉴，同时也为乡村振兴注入了新的活力和希望。

### （三）乡村治理创新实践，创造了善治示范村的典范

在治理方面，墅丰村采取了创新的乡村治理模式。建立了“服务中心+运营公司+村集体+村民”的利益联结机制并推进智慧治理，打造无人超市、智慧停车、健康小屋、数智生活馆等数字化场景，建设“未来墅丰”管理平台，让村民更好地融入数字生活，提高乡村治理的智慧化水平，获得了善治示范村的荣誉称号。近年来，墅丰村逐步形成了自治、法治、德治“三治融合”的基层治理格局。这种治理模式有效地提高了村庄的管理效能和社会秩序，为墅丰村的发展提供了良好的治理基础。

### （四）以人民为中心的乡村幸福建设，提高了群众的生活质量

墅丰村成功推动了乡村经济发展，实现了村民生活便利、精神风貌饱满的美好愿景。近年来，墅丰村通过完善村民文化活动中心、便民服务中心、农民健身点、休闲广场等公共服务设施，提高了群众的生活质量。墅丰村还制订了未来乡村规划，从农业建设、旅游业等多个维度构建发展思路，致力于打造美丽乡村的未来愿景，满足人民日益增长的美好生活需要。此外，墅丰村的共享食堂等公共区域不仅提供餐食等必要服务，还承办文化活动，成为百姓的“精神食堂”，体现了墅丰村对适老化服务的关注。丰子恺漫画村则利用艺术资源点亮居民的生活，通过开展漫画课等活动，让乡村教育充满乐趣，进而提升人民的获得感、满足感。

### （五）数字化时代下的生态文明村落建设，取得了经济发展和生态保护的双赢效果

墅丰村在数字赋能型发展方面采用了多项技术，例如监测农作物的

生长情况和根据当地自然条件选择适合的养殖动物。这种数字赋能型发展与整治提升村庄风貌相辅相成，实现了经济发展和生态保护的双赢。墅丰村注重整治提升村庄风貌，采取了通村道路“白改黑”[①]、污水统一收集纳管、“三线”整治序化和统一农房立面风格等措施，使村庄焕然一新。此外，墅丰村还获得了国家森林村、省级美丽乡村、特色精品村、3A级景区村庄等荣誉称号。作为旅游精品线路的重要节点村庄，墅丰村着力打造以漫画村为核心的精品文化定位，展现了浓郁的人文气息。丰子恺漫画村通过大幅墙绘展现了丰子恺先生活泼、自然的风格，同时还提供精致的咖啡馆、充满艺术情趣的工作室和美丽幽静的紫藤花长廊等设施。环境的改善，生活品质的提升，实现了人和自然的和谐发展。

## 三、数字化改革的启示

墅丰村的实践，为建设未来乡村的路径做了有益的探索，提供了很好的经验与启示。建设未来乡村需要深刻把握政策方向，牢牢立足自身文化土壤，充分发掘自有红色基因，不断巩固传统农耕优势，积极探索赋能数字乡村，多元共举促进乡村实现跨域式发展。

### （一）建设好未来乡村，要深刻把握政策方向

政策是一村发展的重要“风向标”，坚持政策导向，运用政策抓手，将极大助力墅丰村未来乡村的发展。在“千万工程”的大框架下，墅丰村积极把握政策利好，以“整村整建整推进”为核心理念，坚持以“千万工程”的升级版为主抓手，以数字化乡村的改革实践为契机，积极整合村庄各类资源，争取各级财政扶持项目。编制村庄规划，通过开展土地全域整治，解决发展用地问题。结合桐乡市农业经济开发区建设，积极引进农创客和大学生返乡，为乡村发展提供人才支撑。全面提升乡村发展能力，带动更多农户增收。在政策的指引下，墅丰村实现了从传统

① “白改黑”指将水泥路改成沥青路。

农业村到未来乡村的伟大蜕变，生动阐释了共同富裕中的乡村样本。

### （二）建设好未来乡村，要牢牢立足自身文化土壤

墅丰村是漫画大师丰子恺的故乡，因而具有独一无二的文化积淀与优势。墅丰村以沈家墩为起点，聚焦子恺乡村农文旅文化定位，加强业态招引，打造子恺画校、子恺餐厅、懒度空间、不晚咖啡、青少年航空教育基地等新场景、新体验、新业态，不断更新子恺漫画村的打卡点，营造富有桐乡市乡村文化底蕴的“沉浸式”消费场景。推进“艺术乡建”工作，创新“乡贤回归”“名家引领”等文艺介入乡村建设新路径、新模式，增添了人文底蕴。面对子恺漫画村的打造，墅丰村立足于自身文化土壤，将文化资源转化为文化资产，在推进第三产业发展促进子恺文化商业化、收益化的同时，让子恺文化深度融入当地的生活，带动了乡村经济发展，丰富了村民精神生活。文化是发展不竭之源，更是建设未来乡村的重要助力。

### （三）建设好未来乡村，要充分发掘自有红色基因

作为桐乡市最早的党组织诞生地，墅丰村有着深厚的红色基因与丰富的红色资源。墅丰村充分激活红色基因，从“百年墅社桥、百年银杏、百年水闸”出发，建设集红色遗迹、红色展陈、红色研学、红色课堂、红色剧场为一体的红色美村。打造“红色研学季”，发布红色研学线路，推出包括学生、职工和老年干部的多维度、多平台沉浸式红色研学 22 期，通过红色电影鉴赏、红色主题游学、红色故事讲述、红色志愿讲解、红色歌曲传唱等不同的红色研学项目，年培训人数达 5 000 人次。各类红色活动的开展深刻展现了墅丰村对于本村的红色基因的充分发掘与运用，不仅提高了当地的村民收入，促进了当地产业融合，更为墅丰村推进未来乡村建设提供了不竭的精神动力。

### （四）建设好未来乡村，要不断巩固传统农耕优势

墅丰村有着 7 000 年的农耕历史与得天独厚的自然条件。立足于自

身历史与文化优势，墅丰村主动引导农户流转土地发展规模农业，现流转率已达100%，建成标准化甜柿园4个、规模超千亩，亩均收入达到2万元以上，最终形成以甜柿为主导产业，蓝莓、黄桃、葡萄等优质水果为补充的特色鲜明的第一产业。除此之外，墅丰村还紧抓“农业双强”新机遇，引进华腾未来猪场、农科所三新试验基地等一批现代农业基地，同时，建设现代农业创新服务中心用以发展直播带货、展示展销等方式来促进农产品品牌营销，丰富销售渠道，助力产销对接。如今的墅丰村已成为了桐乡市现代农业发展和农产品销售的展示窗口。农业是乡村的根基，如何发展好农业，是每一个乡村必须要面对的课题。墅丰村在第一产业上的实践探索经验表明，在立足于原有优势的基础上，与优质企业和科研机构开展合作，引入新品种、新业态，为传统农业打造新路径，注入新动能。

### （五）建设好未来乡村，要积极探索赋能数字乡村

推进数字乡村建设，构建引领数字生活体验是未来乡村发展的重要落脚点，也是建设宜居兴业现代化乡村的着力点。墅丰村在深化“三治融合”与智慧化场景兼容，乘着数字化改革浪潮的同时，也在不断更新自己的智治蓝图，无人超市、智慧停车、健康小屋、数智生活馆等数字化场景的打造，“未来墅丰”管理平台的建设，让村民更好融入数字生活，让乡村治理更加智慧高效。虽然未来乡村建设是多元的，不只是数字化，但不能没有数字化。墅丰村通过打造大数据综合平台、引入数字化管理的方式，不但提升了管理效率，更提高了“村务、党务、财务”（“三务”）的透明度，让“三务”运行更为高效透明。

# 湾里村："农文旅"三管齐下促发展

湾里村位于千年古城、运河文化名城桐乡市崇福镇的东南，南与海宁市博儒村接壤，东与高桥镇相连，是良渚文化所属的新地里遗址所在地。有沪杭高速公路和高铁横穿湾里村，城乡公交可直达村内，这里河网交错，京杭大运河支流南沙渚塘贯穿全村。近年来，在浙江省"千万工程"建设新时代美丽乡村行动计划和未来乡村建设的战略指导下，湾里村结合自身实际，打造了一条"农文旅"三管齐下、并力兴村的共同富裕（共富）新路径，集休闲、研学、亲子、教育、度假于一体，成为崇福镇乃至桐乡市的一张"金名片"，是嘉兴市推进新农村建设过程中建立的首批城乡一体新社区，荣获了省级未来乡村、省级森林村、嘉兴市民主法治村、桐乡市生态示范村、桐乡市文明村等称号。

## 一、"农文旅"三管齐下谋发展的做法

地理位置上，湾里村相对于崇福镇是一个"边缘村"。2019 年以来，湾里村积极向市镇争取项目落地，村内现已通过了省级历史文化村落保护利用（重点村）规划编制项目、省级未来乡村建设项目等，在财政资金的保障、科学手段的支持下，湾里村精准发力扶持"农文旅"三大产业，做好综合开发利用。

## （一）坚持科学规划，优化产业设计

湾里村坚持以规划为引领，推动美丽乡村建设。一方面，坚持贯彻《桐乡市新时代美丽乡村建设规划》《桐乡市诗画江南美丽乡村片区发展规划（2023—2030年）》，依托美丽乡村精品线，分析研究自身优劣势，全力推进湾里村建设和湾里村品格的提升。另一方面，根据《浙江省深化“千万工程”建设新时代美丽乡村行动计划（2021—2025年）》《嘉兴市关于深化“千万工程”建设新时代美丽乡村暨农村人居环境整治提升行动计划的行动计划（2021—2025年）》，统筹村内产业、基础设施、公共服务、生态保护，提升村民幸福感，同时促进了湾里村美丽生态、美丽经济、美好生活的有机融合，推动未来乡村建设、和美乡村示范片区建设的持续发展。

## （二）聚焦集体农业，拓宽增收渠道

湾里村现有低收入农户27户，为提高其收入，湾里村采用“一地三金”的方法，启动“共富大棚”“共富羊场”等集体经济项目，丰富了低收入农户的收入渠道，切实提高了其收入水平。“一地三金”，即土地租金、设施股金和劳动薪金。土地租金和设施股金指通过将低收入农户的承包地以“互换并块”入股的方式实现土地集中连片，新建大棚和羊场。劳动薪金，是指“共富大棚”“共富羊场”优先吸纳低收入农户就业，从而获得工资薪金。“一地三金”的方式确保了低收入农户能真正享受到共同富裕带来的红利。“共富大棚”和“共富羊场”项目之所以能够顺利启动，关键在桐乡市采取了“四个一点”筹措资金，即财政补一点、集体出一点、农户筹一点、乡贤帮一点。按照部署，市财政最高可补助总投资额的50%，镇（街）不少于10%予以配套，村集体出资最高可占20%，另外10%由低收入农户自筹，剩余则发动企业、乡贤捐助，这部分收益归低收入农户分配。按照“一地三金”的方法，低收入农户可获得每年1 000元/亩的土地租金，平均能给每户带来3 000元的稳定收入，以设施入股的农户还可获得每年2 000元/亩股金以及分红，实现了低收入家庭的稳定增收。

### （三）挖掘文化底蕴，讲好文化故事

湾里村张家八房老宅——"敬胜堂"，距今已有 200 多年历史，张家是书香门第，良好的家风家训传承至今，其耕读文化已成为年轻一代教育研学的重要载体。湾里村村委不但对张家老宅进行了修缮，还增设了电子屏幕、投影仪等设备，有助于更加详细地介绍老宅的发展历史。拥有百年历史的张家老宅，对当地的文化影响不可忽视，湾里村深入挖掘家风文化特色文化资源，将张家老宅打造成了集党员干部思想政治教育、廉政教育、青少年思想品德教育于一体的重要研学基地。湾里村依托张家老宅发展相关文创产业，并设计了种类丰富的文创产品，涵盖多领域、多方面，吸引了越来越多的游客。目前湾里村已接待研学团队、游客等上万人次，并且积极和桐乡市青少年宫、中小学校、村社等合作开展研学活动，扩大了家风文化影响力。

### （四）开发旅游资源，激发乡村动能

湾里村利用独特的地理优势和资源优势，大力发展乡村旅游，培育乡村旅游经济，激发乡村新动能，打通"美丽乡村"向"美丽经济"转化的通道。湾里村的主要景点集中在张家老宅和肇昌集镇，除此之外，还打造了"寻谷问农田园综合体""书上云间"研学基地等，新建了未来邻里中心、乡村振兴馆、游客服务中心等主体建筑，设置了许多网红打卡点，争创 3A 级旅游景区。村庄张家老宅有 200 多年历史，肇昌集镇有 400 多年历史，曾经是远近闻名的"商贸中心"。

2019 年，湾里村通过省历史文化村落保护和利用一般村项目，对肇昌集镇进行改造修复。肇昌集镇以肇昌桥为中心，街道呈丁字形，河的北边是一条长约百米的商业街，桥的南边是一条南北走向的长约 80 米的商业街。修缮、改造过程中，在原来建筑的基础上，根据江南水乡的特点，对住房及店面房建筑立面进行修缮、改造，对区域内的违章建筑和破旧街面彩钢棚、雨棚等进行拆除，接着对外立面、屋面进行翻新，对

梁条实施加固，对室外绿化进行改造，再现了古街原有风貌。湾里村还成立了浙江肇昌旅游发展有限公司进行招商引资，建设了水上集市、千张制作体验馆、茧画研学馆等项目，开展了颇具特色的民俗文化节，为曾经的繁华小镇赢得了更多发展的可能性。无论是体验馆的建立还是民俗文化节的开办，这些举措都充分利用了特有的旅游资源，向游客展示了当地的特色美食和工艺品，让游客在游玩中体验了传统文化。

## 二、“农文旅”三管齐下谋发展取得的成效

湾里村“农文旅”三管齐下，激活了农村经济发展的活力，不仅增加了村集体收入，而且改善农村的发展环境，提升了村民的幸福感。

### （一）经济效益明显

桐乡市近两年衍生了“共富大棚”项目，采取财政支持、集体共建、社会互助方式，主要面向低收入农户。目前，全市共有 10 个村试行了该项目，涉及土地 765. 5 亩，带动 814 户低收入农户户均年增收 3 500 元。在湾里村启动“共富大棚”项目后，70 亩闲置土地得以盘活，连栋大棚和单体大棚各建了 30 亩，每亩地年租金 1 200 元。2022 年为村集体带来收入 25 万元，为 27 户低收入农户户均增收 3 000 元。湾里村在 2022 年还实现了经济总收入 1 028. 73 万元、经常性收入 375. 81 万元、经营性收入 150. 05 万元。

### （二）生态环境得到改善

作为“浙江省级森林村庄”，湾里村全村已有绿化面积 2 246 亩，林木覆盖率达到 36. 16%，村庄绿化率达到 45. 36%，农田林网控制率达到 100%。通过“一村万树”绿化提升项目，村里新增一处面积达 10 亩的片林，种植了香樟树、榉树等苗木 270 株，为村民生活与生产创造了一个美好的环境。在湾里村的迎新苑内，以中心居民点为中心，建造了一个集休闲、娱乐、健身于一体的公共休闲带，包括农民公园、戏台、亲

子健身步道等多处场地。这些区块均以草皮、花、灌乔木为主，现已实现了绿化全覆盖。同时，湾里村还以迎新苑为中心，积极开展村庄绿化建设，并积极宣传动员村民在房前屋后进行绿化种植，种植花灌乔木、草坪绿地等，努力打造桐乡市优美庭院。

### （三）提高了农村治理水平

在构建基层党建新格局上，湾里村着力打造“党建＋美丽乡村建设”“党建＋集体经济发展”“党建＋网格化服务”的党建特色工作，并打响“和美善治，幸福湾里”的党建品牌。在日常生活中，经常举办以服务群众为主要内容的党员志愿活动，创新主题党日活动形式，提高党员参会率。同时，持续用活“网格连心，组团服务”工作机制优势，充分发挥 3 个网格、32 名微网格长、99 名中心户的作用，进一步做深做细做实微网格服务，从而调动老百姓参与垃圾分类、环境整治等方面的积极性，解锁乡村治理的新路子。

## 三、“农文旅”三管齐下谋发展的启示

湾里村打造“农文旅”三管齐下的共同富裕路线，创新模式下的精品路线成为湾里村经济新的增长点。湾里村持续加大“农文旅”产业融合力度，通过新业态、新模式激发集体经济新动能，拓宽共同富裕路径。

### （一）夯实领导班子，坚定发展方向

农村的发展离不开村“两委”班子的作用发挥。湾里村“两委”班子能够认真贯彻落实乡村振兴战略，深入农户了解村情，因地制宜，制订合适的发展计划，向上争取项目，落实配套政策，细化措施方案，完善工作机制，集中力量做好湾里村乡村建设扩面提质工作，延伸乡村风貌、文化传承、乡风文明、乡村治理等各个领域，全心全意为群众办实事。湾里村将围绕“古街、古宅、古遗址”（“三古”）旅游线提升其周边品质，利用好、保护好湾里村深厚的历史文化遗产，并进一步梳理文

化脉络，挖掘传统村落文化魅力，打通“历史文化资源”向“文化经济”转化的通道，为全村的文旅融合、共同富裕提供强劲的动力，向着建设新时代美丽乡村和共同富裕的方向发展。

### （二）发展特色农业，助推精准扶贫

湾里村村内共有143位残疾人，27户低保户、低收入家庭。针对如何助力精准扶贫，湾里村选择在农业劳动项目上“加把火”。湾里村在“精准帮扶，湾里爱心园”项目上投资20多万元，一期征用15亩土地，涉及村内低保户、残疾人及低收入家庭43户，二期大棚种植项目入驻50户低保户、残疾人及低收入家庭。在这项工作推进中，党建引领也发挥了至关重要的作用。在前期低保户、残疾人及低收入家庭排摸过程中，崇福镇充分发挥“两新红管家”① 的作用，采用“两新红管家”上门的方式，对低收入家庭开展“三服务”② 走访，摸清人员、劳动力、家庭资源、家庭收支、家庭需求等情况，实现“一户一册”。其种植的蔬菜水果正式上市后，崇福镇还将通过党员、党组织认领的方式，为村内的低保户、残疾人及低收入家庭种植的蔬菜水果解决销路，通过高质量帮扶，保障他们有稳定的收入。

### （三）“抱团”式做大“蛋糕”，打开共同富裕新“开关”

桐乡市以“抱团”式创新农业产业链利益联结机制、不断推动农村产业扩链扩容，促使农村集体经济发展壮大，不断提升农民获得感、幸福感，有效提高农民生活水平，缩小城乡发展差距。湾里村的“共富大棚”“共富羊场”就是“抱团”式发展优越性的生动证明，通过“村村联合”“村企联合”的方式，推动农户与现代农业有机衔接。同时，立足不同区域、强村与弱村的实际差异，靶向明确、精准施策，带动村民就近就业，增加工资性收入，户均年增收近3 000元，实现了村集体经

① “两新红管家”指桐乡市税务局成立的服务新经济组织、新社会组织（“两新”组织）的队伍，目的是将税务“三服务”活动做得有特色、有实效。

② “三服务”指服务企业、服务群众、服务基层。

济与农民收入双赢、双增，强村与富民同频共振。

### （四）优化配套设施，提升宜居环境

改善农村人居环境，建设美丽宜居乡村，是打造美丽城镇样板镇的重要组成部分。在湾里村中，道路旁的砖块瓦片精心排布，"白改黑"道路建设6.4公里，河滩及道路两侧的杂草被修剪清扫，居民楼前不见杂物堆放，只有精心摆放的盆栽点缀门面，全面提升村庄的"颜值"。同时，湾里村的公共文化设施、队伍、活动也相当齐全，文化礼堂与未来邻里中心、乡村振兴馆、游客服务中心等一起投入使用，形成了一个完整的服务村民智慧建筑圈。为了方便游客和村民，村中各点之间还设有新能源车辆进行接驳。购物、餐饮、金融、电信等生活配套服务也相当完备，这样的"15分钟幸福生活圈"也为老弱村民提供了很大便利。湾里村立足实际，有效改善了村自然生态、人居环境、乡风文明，实现了从自然的乡村向成长的乡村、心灵的乡村破茧蜕变。

# 荣星村：融合发展点亮乡村新未来

荣星村地处浙江省嘉兴市桐乡市屠甸镇中部，村级区域面积共 4.05 平方公里，其中耕地面积为 3 108 亩。2023 年，全村总人口为 2 559 人，下辖 34 个村民小组、656 户居民。近年来，荣星村以“千万工程”为契机，依托得天独厚的自然资源，统筹城乡一体化发展，开展城市近郊型田园乡村综合体试验，建立了与现代化要求相适应的新产业格局，形成了以推进农业农村现代化建设、丰富全面协调可持续内涵、发扬社会主义政治民主为主要内容的新发展模式，走出了一条“农旅兴业”开拓共同富裕的新路径，积累了现代化特色农业本土特征和地方性经验，也为乡村振兴模式提供了独特的“荣星样本”。荣星村先后获得了浙江省文明村、省民主法治村、省级中心村、省级森林村庄、省卫生村、省绿化示范村、省休闲旅游示范村、省老年旅游养生示范基地、省 3A 景区村庄、省善治示范村、嘉兴市廉政建设示范村、嘉兴市先进党组织、2018 年中国最美村镇——乡风文明奖等荣誉称号。

## 一、融合发展主要做法

自实施“千万工程”以来，浙江省农村的面貌发生翻天覆地的变化。荣星村以打造宜居宜业和美乡村为目标，积极培植农村特色文化，带动农村产业“接二连三”融合发展，完善基层治理模式，形成“美丽 + 人文 + 共富 + 善治”的未来乡村发展新路径。

## （一）聚力文旅融通，打造美丽乡村

一是点面齐发，依托乡土风貌和地域特色，加强对历史文化资源的保护与利用。荣星村拥有良渚文化遗址、吕希周墓、姚家山遗址、小六旺遗址、金家浜遗址等特色文化景观，基于此，荣星村对这些历史文化建筑进行全面开发和维护，在每个历史文化景观处立牌明示。重点对吕希周墓进行了开发、保护，整治周边环境、改善交通，使其发展成为历史文化旅游景点之一。二是引育并举，依托财政支持，打造美丽乡村精品旅游线。近年来，在上级财政的支持引导下，荣星村加大美丽乡村建设投入力度：先后投入 5 000 多万元，打造了荣湖公园、恒钜足球场、火炉浜景区、火炉浜特色自然村落、荣星大道精品线等；入选嘉兴市农房落地试点村名单，打造“江南民居”典范；参与屠甸镇“微改造　精提升”项目投资，打造了网红打卡点百亩稻田花海；投资 380 万元建立生态苗木观赏基地等。另外，在打造荣星村未来乡村风貌的过程中，乡贤也主动投资自然村落的保护，如“乡贤文化馆”就是以荣星村乡贤参事会会长的老宅改建而成，为感谢乡贤而建造的“九贤亭”和“贤礼亭”业已成为荣星村亮丽一景。

## （二）聚焦文化熔铸，培育人文乡村

乡村文化是传统农耕文明的表现，蕴藏着深刻的历史人文价值与经济价值。荣星村厚植文化自信，重视农村精神文明创建，走出一条以田园文化为着力点，以名人文化为支撑点，以节庆文化为闪光点的特色文化发展之路。一是固本培元，写好“乡村资源 +”文章。荣星村在立足本村实际、挖掘文化基因、人文精神、道德规范等方面下了大量功夫：设立乡贤文化馆、村规民约墙、乡村振兴馆、乡村记忆馆、法治文化园等文化建筑，充分发挥乡村文化在凝聚人心、教化群众、淳化民风中的重要作用，引领乡村风尚向上向美向善。二是深根固柢，写好“文化礼堂 +”文章。2020 年，荣星村投资 2 000 多万元建成具备休闲健身、文化宣传、文艺汇演等各种功能的荣星村文化综合活动中心，现已成为设施全、内容多、人气旺的高标准基层文化场所。此外，作为桐乡市农村文化礼堂社会化运作项目的第一批试点地，荣星村发挥校地合作优势，与浙江传媒学院通力协作，共同组织策划礼堂活动，让文化礼堂“天天在开放”“周周有活动”“月月有主题”，丰富了文化礼堂品牌内涵。

### （三）聚焦产业融合，发展共富乡村

缺少产业的农村，难聚人气，农民增收路子拓不宽，更谈不上留住人才、留住未来。荣星村依托资源禀赋，充分挖掘现有产业发展潜力，发展特色农业，培育发展新产业，走出了一条通过产业融合促进农村经济发展，建设共富乡村的新路子。一是立足本地资源，发展本村特色农业。通过技术引进实现粮食生产全程机械化，成为浙江省级优质水稻全程机械化示范基地；通过规模化种养殖，实现农业产业化。建立精品水果基地，成立了天贡果蔬专业合作社，种植水蜜桃、黄桃和各种优质葡萄，同时提供了游客春季赏花、夏秋采摘、冬季修剪整枝的农事体验活动；建立水产养殖基地，主要养殖沼虾、明虾、黑鱼等多种水产。另外，成立了桐乡市石泾粮油农机专业合作社，打造“河坊人家”品牌，销售大米、年糕、面粉等产品。二是立足产业融合，推动产业“接二连三”。2016 年荣星村投资约 1.3 亿元，建立了占地 280 亩的荣湖庄园。通过生态农业与现代庄园的有机结合，发展“互联网 + 智慧生态农业”。该庄园集交互式度假、原生态候鸟式旅游养老庄园、培训基地、商务旅游等项目于一体，主要包含度假及养老酒店、民宿、有机果蔬种植、互联网农产品展销平台等，“三产融合”的发展思路得到有效实践。三是立足城乡一体，形成集聚效应。荣星村毗邻镇区沿三门街南路建设了“荣星新村”，聚集农户 250 多户，新村沿街商铺林立，配套设施完善。荣星村聚集了大量羊毛衫加工单位，以增加周边农户就业机会，带动农户增收，使集聚成为全域统筹、城乡融合的重要抓手。

### （四）聚焦“三治融合”，构建善治乡村

早在 2013 年，桐乡市就在全国率先探索“自治、法治、德治”的

“三治融合”的基层社会治理实践，取得了积极成效。随后，“三治融合”经验相继写入党的十九大报告和“十四五”规划纲要，成为全国基层社会治理的知名品牌之一。荣星村在未来乡村建设中，继承与创新并举，以“三治融合”经验促进乡村善治。一是完善“一约两会三团”治理模式。荣星村在处理公共事务时多依托“一约两会三团”的自治载体。其中，“一约”指村规民约。荣星村的村规民约用三字经的形式提炼而成并立碑明示，便于传颂。“两会”指百姓议事会和乡贤参事会两个创新性的基层群众自治组织，利用“乡贤助村，乡贤治村”理念，自发地解决和协调村里各项相关事务，以实现“民事民议、民事民办、民事民管”。“三团”指百事服务团、法律服务团和道德评判团。在荣星村的治理模式中，“三团”分别在自治、法治、德治领域发挥引导协助作用。二是利用好“板凳法庭”。“板凳法庭”由屠甸镇汇丰村在2013年首创，后在全镇推广。近年来，荣星村大力支持“板凳法庭”建设，每个“板凳法庭”均配有“法官”、律师和调解专员等民间法律工作者，确保了纠纷调处有人办、有人理。如今，随着基层普法工作和文明乡村创建活动的深入，村民之间的矛盾日渐减少，所以“板凳法庭”的功能除化解矛盾纠纷、降低成讼率外，还不断延伸到收集社情民意、解决村民难点等，以弘扬邻里团结、守望相助的传统美德。三是创新“三治信农贷”模式。荣星村作为试点村率先开展“三治进金融”行动，将“三治融合”理念、农商银行信贷渠道、互联网信息技术有机结合，创新推出“三治信农贷”。构建了基层农村的信用联合体，将“一约两会三团”作为信用评估载体，荣星村村民只要满足相关要求，即可以申请并获得无担保、无抵押的低息贷款，用于创业、生产和生活。

## 二、融合发展取得的主要成效

浙江省在深化“千万工程”、未来乡村建设中以人本化、生态化等为导向，推动乡村主导产业兴旺发达、主体风貌美丽宜居、主题文化繁荣兴盛。荣星村勇立潮头、铆劲争优，在未来乡村建设中奋力跻身“区域样本”之列，成效显著。

### （一）立足融合融商，农旅产业迭代升级

荣星村充分整合当地资源，化乡村资源为发展资本，深化产业融合发展。一是整合土地资源。以推进规模化种植为抓手，依托流转土地建成的精品水果、生态苗木、水产养殖、优质水稻4个农田产业基地，推出集网上预约自由采摘、电商物流外发配送于一体的销售服务，不仅改善了农业种植“低小散”的状况，同时丰富了产品经营模式，为村民增收致富提供了新路径。目前，荣星村集体流转土地已近2 000亩，流转率超过90%，当地村民仅土地租金收入已超过180万元。二是整合生态资源。投资1.3亿元打造荣湖庄园，以植物工厂、鱼菜共生为内容，以“互联网+智慧农业”“互联网+医疗服务”为亮点，充分打造火炉浜自然村落、百亩稻田花海、民宿，并共同形成特色乡村生态休闲旅游线路，丰富了产业内容，激活了发展潜力。三是整合产业资源。荣星村的植绒家纺特色纺织业最早只有一两家企业进行单一植绒布加工，目前已经有数十家涵盖植绒布生产、基布生产、绒毛生产、合剂生产等产品及其配套的生产企业。同时，依托物流市场，形成了集生产、科研、商贸、服务优势于一体的植绒产业集群。星马针织衣有限公司就是本地成长起来的市级综合骨干企业，仅该企业就吸纳了当地800多位农民就业。许多农民还选择了将楼房出租给羊毛衫加工作坊或者独立办厂，全村70%以上的劳动力从事羊毛衫生产、加工与销售工作。以羊毛衫市场为基础的相关产品的拓展带动了整个行业的整体发展和产业集群的形成，不仅为发展第三产业提供了依靠，还盘活了村民闲置资产，获得了更多收益。2022年，荣星村实现了村级经济总收入575.36万元、村级经常性收入397.97万元、村级经营性收入253.08万元，经济总量接近20年前的100倍。

### （二）立足融合融美，村容风貌不断改善

为开拓“农旅兴业”新的发展道路，荣星村改依靠“输血”的外来驱动道路为依靠内生力量发展之路。20多年来，村党委牵头，百姓议事

会、乡贤参事会集体协商，由党员、乡贤带领群众转变观念，有序推进村庄环境整治，彻底改变了农村“脏乱差”的面貌。如今，全村道路硬化率达80%以上，村庄绿化率达35%以上，主要河道疏通清淤，砌筑了生态护岸。现村内拥有人文及自然风光景点10多处，依托火炉浜自然村落、荣湖公园、荣湖庄园等农业产业体验点，建成了“点上精致、面上美丽、线上出色”的特色乡村生态休闲旅游线，成为桐乡市乡村旅游主要线路，荣星村2020—2022年累计吸引游客超过200万人次。

### （三）立足融智集贤，特色文化不断拓展

农村文化设施是开展乡村公共文化服务的前提，直接影响村民的幸福感和获得感。如今，荣星村公共文化设施基本成形，恒钜足球场、文化综合活动中心等文化基础设施的修缮为基层群众带来了欣喜的实惠，为公共文化服务奠定了坚实基础。截至2023年7月，荣星村文化综合活动中心已举办乡风文明音乐分享会2场、开设现代舞培训班5个，吸引参与群众1 000余人。另外，乡贤文化也广为传播。通过乡贤身体力行以及乡贤参事会、乡贤文化馆等诸多载体，乡贤的嘉言懿行垂范乡里，涵育了文明乡风。同时，以乡愁为纽带，未来能够吸引和凝聚更多“走出去”的成功人士，用其专长、经验反哺桑梓，共建未来美丽乡村。

### （四）立足融治法治，基层治理不断优化

随着社会主义法治建设逐渐完善，基层逐渐建立了“横向到边，纵向到底”的普法工作体系。荣星村对标“自治、法治、德治”，建立了一套志愿组织完备、法律服务完整、道德体系完善的基层治理模式，成为桐乡市通过“三治融合”开展社会治理创新实践的典型案例。此外，荣星村创新推出的“三治信农贷”给予村民的不仅是资金支持，更是对村民讲文明、提素质、行善举的肯定和鼓励。截至2023年6月，“三治信农贷”项目已完成12余万户农户授信，授信金额超300亿元，用信户数3.86万户，用信金额超122亿元，越来越多的优质信贷资源投向农村，越来越多的金融“活水”涌向农民。多措并举，健全以村规民约为

主要内容的群众参与机制，使乡情更浓、民风更淳。

## 三、融合发展的启发

荣星村以深化“千万工程”为牵引，从乡村产业、乡村风貌、乡村文化等多维度开展未来乡村建设，以做大做强特色项目为载体，争创农业农村现代化，进一步促进农村美丽生态、美丽经济、美好生活的有机融合。融合发展改变了荣星村，使荣星村发展成为农村经济发展和治理能力并进的范例，也为推动农业农村现代化进程提供了可复制、可推广的经验。

### （一）秉持“融合”理念，贯彻“三治”经验是建设未来乡村的机制保障

“要我建设”到“我要建设”的理念贯穿了荣星村深化“千万工程”的全过程。“板凳法庭”“一约两会三团”等治理载体，让荣星村在实践中持续形成了一系列具有特色的“融治”机制，让治理更有效，让乡风更文明。以整治环境为先手棋，以群众自治为法宝，全面推进美丽乡村建设，推动田园变公园、村庄变景区、农房变客房，打通绿水青山转化为金山银山的可持续发展通道。

### （二）秉持创新思维，坚持项目引领是建设未来乡村的强劲动力

荣星村以项目带动产业，以产业激活市场，以市场吸引资本，以资本润滑经济，政策引领、项目跟进、合力创新。通过优化营商环境，突出主导产业培育等，打造多元跨域合作新模式。建立“市场主导、企业运营、集体收储、村户参与”的共同经营机制，探索市场化的整村运营模式。荣星村在做好古村落资源的保护和开发的同时，推动乡村旅游整体开发运营，多项非物质文化遗产（非遗）得到充分的挖掘和整理，农村文化历史、江南特色等文旅资源得到新开拓。越来越多的青年人才愿

意回流乡村，使新乡人、归乡人成为乡村振兴的新生力量。

### （三）秉持民生至上，加强政策引导是建设未来乡村的有力补给

长期以来，农民融资始终存在金融资源匮乏、信息不对称、担保条件苛刻等困境，导致了“融资难”。桐乡市财政建立了“千万工程”专项资金，2019—2022 年市财政投入“千万工程”资金分别达 1.38 亿元、1.73 亿元、2.90 亿元和 3.11 亿元。新政策为荣星村确立了新方向。荣星村“三治信农贷”这一创新实践为基层农户小额信贷的可持续发展困境破题，围绕“乡村振兴 + 最多跑一次 + 金融惠农”模式，使农户群体真正从“金融惠农”等系列政策中得到实惠，更好地服务农户、助力乡村振兴。

### （四）秉持整体理念，推动要素整合是推进“千万工程”未来乡村建设的有效途径

善用“美丽资源”是发展“美丽经济”的基础。荣星村的农业功能拓展融合模式和产业集聚型发展融合模式丰富了“乡村 +”文章的内容，促进了“农文旅”深度融合。通过细规划、微改造、精提升，对基础设施环境景观有机更新，实现自然生态资源、人文民俗景观等有形或无形的“美丽资源”产业化、资本化和成果化。产业资源融合是推进产业升级的基础。同时，依托乡贤资本、返乡才俊支持，从根源上缩小城乡差距，统筹推动城乡融合发展。

# 后庄村：不断创新乡村振兴之路

村庄整治，只有以业为基，才有持久的生命力。改革开放40多年来，从“千万工程”出发，到美丽乡村建设，再到实施乡村振兴战略，台州市黄岩区北城街道后庄村紧跟时代步伐，以实现村民的美好生活为目标，以准确识变之智、科学应变之通、主动求变之能，不断书写逐梦新篇章，走出了一条以党的建设为引领，以乡村治理为基础，以产业升级为引擎，以生活富裕、文化繁荣为特色的乡村振兴之路。按照村容美、发展美与治理美的“三美”路径，打造了一个务实、崇德、守信、向善的后庄村。目前，后庄村已获得全国五四红旗团支部、浙江省全面小康建设示范村、浙江省善治示范村、浙江省民主法治村等荣誉称号。

## 一、不断创新乡村振兴的主要做法

### （一）以党建引领乡村治理

提高党的执政能力，加强基层治理，就是要强化村级党组织的战斗堡垒作用，体现村党支部的领导核心作用。后庄村始终以习近平总书记关于“三化十二制”的重要指示为遵循，一以贯之深化落实，经过不断探寻摸索创造了村级治理“1+2+5”管理机制。在“1+2+5”管理机制中，“1”是指驻片村干部，即每个村“两委”班子成员都分别联系1个片区担任驻片村干部；“2”是指党小组组长与片网组长，后庄村在各个片区成立1个党小组，并由1名有能力的年轻党员来担任党小组组长，再挑选1名威望较高的党员或村民代表来担任片网组长；“5”是在片区中挑选村里的村民代表、青年代表、妇女代表、老年代表4类群体，联合党员，共同形成1个“1+4”的联系维护制度，切实发挥“六大员”[①]作用，做到“四必到、四必访”[②]，形成扎根片网、面向村民的系统化、立体式、零距离的村级治理“1+2+5”管理机制，有效实现北城街道党建引领基层治理“探底式”提升。

### （二）以产业壮大集体经济

改革开放以来，后庄村村民除种植粮食、柑橘外，大力发展养殖业、织草帽、绣花、工艺品、羊毛衫加工等家庭手工业，发展了经济，改善了农村的面貌。2003年以来，以“千万工程”为契机，后庄村坚持以党建引领经济建设，把发展产业作为重中之重，积极培育村庄发展新动能，促进村民增收致富。村“两委”利用区位优势，盘活资源，以地生财，筑巢引凤，兴建街铺与厂房，吸引模具加工、酒店、餐饮、教育、超市等业态入驻，打造微循环商贸圈，逐步形成餐饮一条街、家教一条街、物流一条街，实现村集体经济从10万元到1 000万余元的百倍级增长，走出了可持续发展的强村富民之路。

### （三）以数字赋能乡村治理

“数字乡村建设”是“数字浙江建设”的重要组成部分，更是实现乡村振兴的有效手段。后庄村通过构建智慧平台，实现村情数字化、服务在线化，管理便利化与全民参与化。一是老年服务数字化。后庄村有老年人560名，占全村人口数近1/3，老年人难以跨越“数字鸿沟”，给老年人的实际生活造成不便。后庄村以实现老年人老有所养、老有所乐为目标，探索搭载数字化服务平台，在老年人居家生活、健康养老、医

---

① “六大员”指村情民意调研员、政策法规宣传员、群众信访调解员、富民强村服务员、民主制度监督员、组织建设督导员。

② “四必到、四必访”指有不满情绪必到、有突发事件必到、有矛盾纠纷必到、有红白喜事必到；困难家庭必访、危重病人家庭必访、空巢老人及留守儿童家庭户必访、信访户必访。

疗服务等方面提供便捷暖心服务，包括健康指数检测治疗、一键报警求助系统、人脸识别就餐系统等服务功能，助力让老年共享数字化改革的成果。二是资产管理数字化。在以出租房收入为集体经济大头的后庄村，出租房“旅馆式”管理也是一项意义重大的数字改革。后庄村约有450户出租房，平常有近4 000名流动人口租住，是本村人口的2倍。管理和服务好流动人口是后庄村完善村级治理的重要一环。后庄村陆续推出“智慧消防”系统、“一户一码”工作，为出租房消防安全提供保障，解决入住登记、退房注销难等问题，通过线上可视化的流转，让全村出租房情况明、底数清，为外来务工人员及其子女提供全面暖心服务。三是村庄治理数字化。后庄村通过创建智慧大脑“数字驾驶舱”，实现村内大数据的归集和清洗，构建村级治理的“数字底座”，破解村内信息传递不及时、缺少跟踪反馈等机制的“痛点”、难点，推动基层治理从事后应对迈向事前预警、高效办结。

### （四）以公益实践打造乡村文明

后庄村新时代文明实践站打造“一个中心站、六大服务平台、六大服务队伍”的立体化新时代文明实践体系，以“为民服务”为主线，从建平台、建队伍、办活动着手，不断创新多元化志愿服务项目，通过运用“双循环”服务工作法、创建云平台、积分奖励机制等方式，激发文明实践的生命力，推动基层宣传思想工作不断开创新局面。后庄村新时代文明实践站现有注册志愿者300余人，党员、村民代表、青年代表、热心群众等联结成基层治理服务共同体，“六大服务队伍”包括医疗健康志愿服务队、平安守护志愿服务队、公益课堂志愿服务队、文体活动志愿服务队、乡风文明志愿服务队和政策宣讲志愿服务队。该实践站在村中进行应急救知识普及、老年人电动车出行安全宣传、暑期春泥计划、国庆升国旗仪式、交通劝导服务、党风廉政宣讲等活动，实现“民有所呼我有所应”。

### （五）以人才促进乡村建设

经济发展靠人才，乡村振兴靠人才。后庄村高度重视青年人才建设。

“要让村里的年轻党员参与党建村建，为村庄发展注入新鲜活力。”2014年开始，后庄村分批将本村的大学毕业生党员关系迁回村党支部，重塑组织框架，落实团支部“推优入党”机制，不断吸纳和接收有知识、有思想的青年加入党组织队伍。后庄村青年大会自2015年起每年如期召开，为全村有志青年参与村庄建设管理、学习互动交流提供了平台。近年来，后庄村团支部以“助力新青年成长、服务新农村建设”为主线开展各类青年工作，如政治理论学习、“公益伴我行”品牌系列志愿者活动等。

### （六）以福利提升乡村生活

为了提升老年人生活水平，后庄村在2019年启用建造了居家养老服务中心，大大提升后庄村整体养老服务水平。服务中心一楼供老人们休闲娱乐，二楼设餐厅给村中适龄的老人免费提供三餐，同时还配备了文体娱乐、书报阅览、心理咨询室等功能室。后庄村依托北城街道卫生服务中心，结合“四万工程”链接优良医疗资源下沉到村，为群众提供医疗健康服务。除此之外，全村农医保和数字电视费用由村里统一支出；将村留地置换金，作为养老金按月发放给老年人；自2013年起，村集体开始每年年终给每位村民“发红包”，到2023年已是“八连发”，从最初的500元到2023年的2 000元。这些举措显著提升了后庄村人民生活水平与幸福感，促进了社会公平正义的实现，构建了和谐幸福的后庄村。

## 二、不断创新乡村振兴的成效

### （一）物质富裕，生活水平提高

后庄村通过建市场、兴商业、发展服务业，打造增收“引擎”，壮大集体经济。利用毗邻工业园区的地理优势，在惠民路东侧兴建了36间厂房，招商引资，每年为村集体带来100余万元收入。利用城郊区位优势，推进商业强村，建造综合楼招商出租，统筹规划，改建108间商铺、兴建 113 间营业用房，村集体经济的底越来越厚实。村集体经济年收入实现了从 100 余万元到 1 000 余万元的跨越。优越的地理位置和良好的人居环境，吸引了更多的外来务工人员集聚到后庄村，或租店铺经商，或租房安居，仅房屋租赁性收入每年户均增收 3 万余元。2021 年，后庄村主动融入黄岩区“二次城市化”进程，投资 1 600 余万元建设“翠屏晚集”夜市一条街，打造集亲子乐园、美食餐饮、休闲娱乐于一体的花园式夜生活空间。2021 年，村民年人均福利分红达 3 500 余元。

### （二）治理有效，管理效率提升

后庄村“1 +2 +5”片网工作队伍的完善，有效破解农村党员、村民代表不作为、不表率，以及其他村级组织“空转”等现象，重点围绕民情信息、平安综治、志愿服务、困难帮扶、环境整治等片网工作，发挥群体协同作战的叠加效应，为后庄村创建“浙江省善治示范村”打好基础。后庄村以自治为基，激活“民善于治”的内生力，不断凝聚起村庄发展正能量，村民幸福生活不断加码，推动物质富裕与精神富有实现“双丰收”。在村级治理制度的迭代创新下，后庄村文化、教育、卫生等各项社会事业蓬勃发展，社会风尚和治安状况良好，村领导班子廉洁自律、团结奋进，有较高的威望和战斗力。

### （三）文化丰富，村民幸福感增强

后庄村依托文化礼堂，健身广场、居家养老中心，成立健康指导员队伍、文体队伍，引导群众科学健身，促进全民健身与全民健康深度融合发展，让文化在后庄村扎根生长，以人文化提升发展质量。后庄村精神文明建设成效显著，多次荣获市、区级先进单位、五好党支部、基层先进组织、文明村等称号。后庄村新时代文明站正用自己的文明实践提升着村民的幸福感，标志着社会的进步。

### （四）人才培养，乡村活力迸发

后庄村现有党员 68 名，村党总支部下设 2 个支部，其中 40 岁以下的年轻党员有33名，占总人数的近一半。“党员充分发挥先锋模范作用，释放雁阵效应，把组织优势转化为乡村振兴的动力，将群众牢牢凝聚在一起，形成齐心协力、共建共享的美好局面。”同时，青年大会的召开强化了后庄村青年的村庄主人翁意识，更好地凝聚了后庄村年轻一代。村内不断挖掘各类人才，助力文化兴村；志愿者队伍不断壮大，更好地服务村庄村民；创业帮扶力度不断加大，村内青年创业热情高涨，学习交流互动日益密切，创业干事热情愈发高涨，参与村庄建设的使命感与归属感显著提升。

## 三、不断创新乡村振兴的启示

### （一）不断壮大农村集体经济，优化产业结构

集体经济是公有制经济的重要组成部分，对于发展生产、繁荣市场、扩大就业、提高人民生活水平、保持社会稳定起着重要作用。后庄村利用集体经济，统一规划村集体用地，为村民生存发展指明一个正确、有效的方向，成为后庄村的“致富引擎”。乡村振兴必须要重视集体经济的作用，以产业升级为引擎，增强产业的发展后劲，促进农村生产力的发展。同时，优化产业结构，有效发掘并利用优质资源，实现资源合理配置，推进产业结构的合理化和高级化发展，为乡村富裕提供动力。

### （二）探索适合乡情的治理模式，坚持党建引领

后庄村在实践中创造了“1+2+5”管理机制，依据村庄具体概况，进行片区化管理，细化村干部的工作职责，牢固树立驻片村干部为片内工作第一责任人，优化政法网格，实现片、网二合一，将片区微网格作为工作落实服务管理的最终“落脚点”，实现“小事不出片，大事不出村”，显著提高乡村治理效率，实现以组织整体建强推动片区共同富裕。后庄村发生巨变的原动力，主要靠有战斗力的基层党组织的带领，全体村民在“头雁”带领下，敢拼敢闯，强村富民，才绘就了村容美、发展

美、治理美“三美融合”的美丽乡村。

### （三）重视发展乡村文化，实现智力强村

文化是一个民族的精神和灵魂，是一个民族真正有力量的决定性因素。后庄村一直坚持举办各种文化活动，以创新打造礼堂“共富空间”为抓手，探索宣教领富、文艺润富、志愿帮富、数字引富、产业助富、人才促富的“六富协同”路径，延伸拓展基层宣传文化阵地服务功能，并将优质公共文化资源送到群众身边，让志愿服务遍布城乡大地，使群众的精神文化愈加富足，幸福指数更是节节攀升。通过不断吸引青年人才，打造数字化智慧平台，以人文化提升发展质量，以数字化助推发展效率，智慧助富，实现后庄村基层治理现代化，激活乡村振兴内生动力。

# 老竹畲族镇："红绿畲"融合助力共同富裕建设

由于历史地理的原因，民族地区大都地处老少边地区，经济发展的基础十分薄弱，是高质量发展建设共同富裕的难点，也是共同富裕建设需要突破的重点。老竹畲族镇地处浙江省丽水市莲都区西北部，是丽水市唯一的畲族建制镇，总人口约为1.6万人，其中畲族人口约为3 500人，占总人口的22%，是典型的民族地区。该镇原属于老、少、边、山、穷区，经济社会发展的基础比较薄弱，人均可支配收入与全区平均水平尚存在一定差距，集体经济相对薄弱。为此，老竹畲族镇秉持"绿水青山就是金山银山"的理念，以"红绿畲"撬动发展为引领，不断探索"文旅融合"发展新路，开拓"生态产业"新思路，开辟"风情畲镇、花园老竹"新篇章。将美丽城镇建设与"农文旅"有效结合，打造高品质美丽城镇。老竹畲族镇先后被评为全国文明村镇、全国环境优美镇、国家卫生乡镇、浙江省旅游强镇、小城镇环境综合整治省级样板乡镇。

## 一、"红绿畲"融合发展的实践

区域发展的核心是找到比较优势，并以此推动区域经济社会发展。老竹畲族镇最大的特色和优势是红色资源、绿色生态、畲族风情和人居环境。红色资源，记载了革命历史的发展历程；绿色生态，承载着生态产业的发展希望；畲族风情，彰显着民族特色的发展优势；人居环境，体现了以人为本的发展思想。老竹畲族镇探索民族地区发展的新道路，将独特的畲族资源优势转化为经济优势，带动当地村民增收致富，以推动老竹畲族镇的共同富裕建设。

### （一）以“红色资源”为依托，打造红色文化基地

挖掘中国工农红军挺进师革命斗争地、中共南乡区委最早的红色堡垒成立地点等红色资源，老竹畲族镇新陶村成功打造南乡革命纪念馆、郑和斋与郑智诰烈士故居等红色场景，创成丽水市第二批史政教育基地，年均接待游客达6.5万人次。2021年，该村集体经济经营性收入近30万元。南乡革命纪念馆主要有三大展区，陈展内容涵盖了土地革命战争、抗日战争以及解放战争三个关键时期。通过文字描述、图像和实物展示了中国共产党如何带领南乡人民走上革命之路的辉煌历程，以及革命先辈们的英勇事迹。随着近几年基础设施建设投入不断加大，接待参观人数也逐年提高。新陶村已经变成许多组织和个人进行培训和旅游的首选地点。为此，新陶村推出了红色照片纪念墙、“地道战”体验、“红军长征路线”拓展等旅游互动项目，让游客在游玩中潜移默化接受红色文化的熏陶，寄学于游，游学结合。2020年，虽因疫情影响游客量有所减少，但接待量也达到了3万多人次，为村里带来200万元左右的营业收入。如今的新陶村，青瓦白墙、古色古香的宅子边，红军桥、健身广场、文化长廊、南乡红军食堂和廉文化教育基地等一系列文化配套设施陆续完工，同时生态茶园采摘区、亲子互动游玩区和民宿疗养休闲区也陆续投入使用。在过去的几年中，新陶村建起了8家民宿，每年接待游客约5万人次，增加村集体经济收入25万元左右。

### （二）以“绿色生态”为依托，创新“莲鸭共生”模式

在乡村振兴战略的大背景下，老竹畲族镇以老竹的传统白莲产业作为其核心产业基础，于2019年8月成立丽水市三晟种养殖专业合作社，大力发展“莲鸭共生”生态种养殖发展模式。“莲鸭共生”是一种生态

农业模式，根据生态食物链的核心理念，实现了白莲种植与鸭养殖产业的有机结合。通过在莲田进行鸭子的施肥、除虫和除草等田间劳作，该产业能为人们提供无污染的莲子，以及高品质的鸭肉和鸭蛋，实现了生态"内循环"资源的充分利用。该模式为农业产业赋予了休闲观光和生态体验等功能，实现农业效益、农民收入、农村环境三项提升。目前，该合作社成功为30多名农民提供了工作机会，同时也为相关的农业副产品和附近的高品质民宿创造了超过500个就业机会，有效地解决了农村低收入农户的收入问题。不仅如此，老竹畲族镇在"莲鸭共生"产业基础上打造"处州白莲节"节庆特色品牌，并通过微信和微博"两微"进行宣传。在2022年6—7月，处州的白莲花盛开时，大约有3 000名来自外地的游客和市民涌向"莲鸭共生"共富工坊进行参观，与此相关的农副产品非常受欢迎。从最初仅种植白莲并销售干莲子，发展到如今提供莲池摄影、赏花采摘、莲鸭销售以及民宿休闲的全方位服务，改变了传统低效种植的状况，有效拉长了产业链，莲田亩产值从原来的2 000多元增加到10 000多元，村庄环境也从"脏乱差"转变成了"莲叶何田田"的美景，实现了经济效益和生态效益的共赢。通过创新"莲鸭共生"每亩莲田收益已达到10 288元，较常规的白莲种植模式增收7 345元，形成了"一亩田、百斤莲、千斤蛋、万元钱"的特色农业产业体系。

### （三）以"畲族风情"为依托，打造品牌文化活动

"三月三"是畲族人民的传统节日，老竹畲族镇抓住这一机会，大力推进品牌文化活动的建设。近年来，随着经济快速发展，人们生活水平不断提高，对精神文化需求也越来越强烈。因此，当地传承并创新推出了"竹柳新桥"畲族"三月三"歌会。歌会举办以来，在社会上引起广泛关注与反响。目前，歌会在内容和形式上都经历了创新与进步，新增了畲族的服饰展示、畲族的手工艺展示以及畲族的传统体育表演等多个部分。在歌会上，游客不仅可以观看到丰富多彩的民族歌舞和畲族服饰文化展览，还可以体验民族音乐、舞蹈和民俗礼仪。与此同时，组织

名为“三月三”畲乡文化节的东西风情文化活动。文化节分为三个主要部分，分别是展示畲乡风情的表演，参与手摇爆米花、泡油豆腐、织彩带等畲乡的民俗活动，品尝山哈佳酿、手摇爆米花、油泡豆腐等畲乡的独特佳肴。此外，开展以“传承与发展”为主题的系列文艺作品展演，让游客在欣赏艺术魅力的同时感受畲族文化内涵。通过畲族的歌舞演出，更好地宣传党和国家的民族政策，进一步推广少数民族的传统文化，展现畲乡的淳朴民俗和民风。通过开展“三月三”畲族系列活动累计吸引游客30多万人次，推动“文旅融合”经济发展。其中，以沙溪村为代表的畲族特色村，借力东西岩景区旅游影响力，自创“山哈印象馆”“山哈大席”“畲族十大碗”等特色文化产品，成功吸引游客。2021年，该村共接待游客约31万人次，带动周边民宿、农家乐接待游客约8万人次，民宿旅游收入达642.2万元，有效促进了农民增收。

### （四）以“人居环境”为依托，提升小镇竞争实力

该镇从“治、改、建”实施基础设施环境治理，全面提升城镇颜值和竞争实力。一是“治”出新风貌。老竹畲族镇在环境整治方面进行了大量的基础设施建设，如修建村道、梳理电线电缆、建设供水供电系统等。近年来，老竹畲族镇投入资金500万元，完成了村道硬底化工程，解决了村民的通行问题。同时，老竹畲族镇加大了环境整治的力度，投入了200万元用于垃圾处理设施的建设和维护，提升了垃圾分类和处理能力，并建立了垃圾清运机制。二是“改”出新特色。按照“修旧如旧”原则，对畲族民居“原汁原味”保护与改造，建成了一批具有浓厚畲族特色的民居和公共设施。如虎迹溪两岸一街一道对新房外墙统一设计，融入了黑白腰线、凤凰墙绘、畲族图腾等畲族文化元素，营造浓郁的畲乡风情。近年来，老竹畲族镇投入资金200万元，修缮了30座房屋和10座公共建筑，使其焕发出新的生机。三是“建”好新项目。老竹畲族镇利用自身的文化特色和自然资源，积极发展乡村旅游。投资1 800万元建成老竹风情一条街项目、新陶村新屋自然村历史文化村落保护项目等十几个项目，投入100万元用于打造文化广场、修建景观步道等，

提升了村庄的整体景观品质和村民的生活质量。同时，投入50万元用于宣传推广，吸引了更多的游客和旅行团。这些投入也与其他因素相结合，如政策引导、居民参与等，有效改善了老竹畲族镇人居环境。

## 二、“红绿畲”融合发展取得的成效

“红绿畲”融合发展，让红色资源、生态资源、民族风情资源、人居环境资源得到转化，使老竹畲族镇焕发新生机，不仅使村庄的环境得到了改善，村民的生活更加舒适自得，而且推动了民宿经济发展，增加了村民创造收入的渠道，吸引更多年轻人回到当地就业创业，走出了一条民族乡村实现共同富裕发展之路。

### （一）村容村貌改善，居住环境适宜

村庄人居环境得到了很大的改善和提升，建成集餐饮、住宿、民俗体验、购物于一体的农家乐综合体，也进一步提升了东西岩景区的旅游接待能力，丰富了东西岩景区的旅游项目和人文景观。近年来，老竹畲族镇通过“五水共治”[①]，着力深化治水成效，从原本“脏乱差”的小镇蜕变为“河畅、水清、岸绿、景美”的宜居小镇，并荣获2020年度、2022年度浙江省“五水共治”工作考核优秀乡镇等荣誉。

### （二）民宿经济发展，村民收入攀升

随着“文旅融合”经济的发展，民宿经济炙手可热，从单打独斗的个体民宿，到规划科学的民宿特色村，该镇串点成线、连线成面，形成具有一定规模的民宿产业。民宿经济以沙溪村、新陶村为重点，共有50多家特色民宿和农家乐，吸引大量外来游客，年接待游客达到8万人次，旅游收入达600余万元。同时，大量的年轻人被吸引返回家乡，创办民宿，以共同推动乡村经济的发展。该镇目前共有43家民宿，包括1家省

① “五水共治”，指治污水、防洪水、排涝水、保供水、抓节水。

级民宿、2家四星级民宿以及15家三星级民宿。沙溪村的村民居住区域覆盖面积约为10 000平方米，沙溪村村中半数以上的民房改造成了“畲家山寨”民宿对外经营，共有民宿20多家、床位360张、餐位2 600个，带动全镇直接就业人员和返乡创业青年1 000余人。其中，汝南旧家荣获了省级银宿和“丽水山居”的精品民宿称号，而“山哈情”和“凤凰山歌”则被评定为浙江省的四星级农家乐民宿。每年，这里吸引了约5.6万名游客，并带来约600万元的经济收益。随着民宿经济的发展，村中半数以上的村民从事文艺演出、旅游纪念品销售、农家乐经营、特色小吃经营等工作，村民年人均收入2万元以上。

### （三）文化活动丰富，民众生活多元

全镇现有畲族彩带非遗传承人、金盆露酒传承人、畲族山歌等非遗传承人16人；建立了畲族文化陈列室，对畲医畲药、畲族古籍、传师、学师等文化遗产进行了抢救性保护；创建了舞蹈队、银英彩带工作室、赤坑村畲族山歌培训班，参与人数超200人。老竹畲族镇还组建了民间乐团队、保健操、腰鼓、畲族山歌、舞蹈等50余支文艺团队，频繁开展各类活动，形式多样，内容丰富多彩。由沙溪村的40多名村民组成的畲族表演团，在近些年已经多次前往上海、江苏等地进行演出，这也成了沙溪村向外界展示畲族文化的窗口。除此之外，在全国民族民间文艺汇演中，老竹畲族镇村民还获得“金奖”殊荣，受到相关专家及领导的高度评价，由老竹畲族镇策划的《畲竹情》舞蹈荣获了浙江省的优秀作品奖项，《彩带献北京》畲语音乐电视片礼赞祖国，在浙江电视台滚动播出，并登上“学习强国”平台。同时，老竹畲族镇针对村民喜好，积极开展活动。通过文化礼堂等平台，开展诸多如文化节踩街、猜灯谜、敬老礼仪、乡村春晚等类型的活动；举办“读书会”，引导群众多读书、读好书；组织各种文艺表演、送戏到农村、政策宣讲等活动。这些文化活动的覆盖范围已经超过了常住人口的60%，给老百姓的业余生活带来了多元化的改善。

### （四）吸引人才回流，年轻人回乡创业

民族地区实现高质量发展，关键要靠人才。要建设数量充足、结构合理、素质优良的人才队伍，为民族地区建设社会主义现代化提供人才支撑。"莲鸭共生"模式让莲田生"金"，替乡村"引流"，为白莲产业发展和农民增收注入了新活力。不仅带动了老竹畲族镇白莲产业的发展，更带动了周边产业的兴盛，形成了一条产业融合发展、互促共赢的乡村农事节庆旅游发展新路子。老竹畲族镇就业机会增多，大量年轻人看好老竹畲族镇未来的产业发展，回乡创业，为老竹畲族镇的发展提供了人才。依托风情畲乡的文旅优势，老竹畲族镇大力实施"两进两回"行动，推动资金进乡村、科技进乡村、青年回农村、乡贤回农村，进一步激发风情畲乡发展活力。2021 年以来，老竹畲族镇着力发挥高层次人才带动效应，先后引进 12 名博士、6 名硕士，同时多次组织召开"乡贤聚力助推振兴"活动，引导乡贤团队回归创业，意向投资高达 5 000 万元。

## 三、"红绿畲"融合发展的启示

共同富裕建设的重点在农村，难点在民族地区。老竹畲族镇利用自身优势发展的实践经验，为民族地区走出一条具有民族特色的共同富裕道路，也提供了借鉴与参考意义，并为全面实施乡村振兴提供了经验和思路。

### （一）传承民族特色，发挥民族地区的独特优势

民族地区自然环境的生态优势，以及丰富多彩的非物质文化遗产，为其发展独特的区域经济提供了重要的资源支持。老竹畲族镇在充分利用本地自然环境优势的基础上，高度重视文化遗产的传承和保护，《老竹畲族山歌》和《畲族婚嫁》等被纳入区级的非物质文化遗产名录，而《畲族打麻糍手工艺》和《畲族织彩带》等非物质文化遗产也被纳入省级的非物质文化遗产名录。这些民族特色为老竹畲族镇带来了巨大的发

展空间，助力其经济驶向高质量发展的“快车道”。乡村振兴战略为促进民族地区经济社会又好又快发展提供了新契机和新思路。在民族地区，推动民族特色优势的转变，并进一步将这些优势整合到乡村振兴的各项工作中，不仅是实现民族地区发展的关键因素，也是该地区在乡村振兴方面具有独特发展潜力的优势。

### （二）促进文旅融合，把握民族地区的发展方向

民族文化不仅是民族地区独有的优势，也构成了该地区的核心竞争优势。因此，如何将这些文化优势有效地转化为实际的发展潜力，成为民族地区未来发展的关键所在。一方面，民族地区要强化民俗节庆培育，打造文旅融合品牌。老竹畲族镇在“三月三”等传统节日，组织了一系列的文化活动，让游客能够欣赏到原汁原味的山歌对唱和畲族人表演的马灯舞。在活动中，游客不仅可以一边享受美食，一边观赏特色歌舞表演，而且还能亲自参与其中，感受畲族文化的魅力，带给游客多重的旅游体验。另一方面，民族地区要加快传统村落建设，促进文旅融合升级。老竹畲族镇不仅保留了传统的吊楼建筑风格，还融合了全国各地畲族的建筑特色。当地设计了一系列融合畲族文化和现代文明元素的建筑，如民宅的窗户采用木质设计，并镶嵌有“畲”字或在外墙上雕刻畲族的标志性凤凰等吉祥图案，这种独特的设计对游客有很大的吸引力，成为民族地区的特色和发展民族经济的竞争力。

### （三）做大产业支撑，夯实民族地区的发展质量

做大产业支撑是民族地区发展的基础，也是推动共同富裕的有效抓手。一方面，做大产业支撑需要培育优质特色产业，突破性发展“品牌+农业”，使传统产业焕发新活力，推动农业农村现代化。品牌是经济发展的名片，只有持续推进品牌建设，才能形成经济优势，吸引要素资源、拓展市场份额、提高产品竞争力。通过深挖传统品牌价值，创新发展模式，老竹畲族镇成功打破了处州白莲的发展桎梏，激发了传统产业的发展活力，更培育了“莲鸭共生”这一共同富裕新名片。另一方面，做大

产业支撑需要做强农产品深加工，突破性发展“工业 + 农业”。老竹畲族镇打破产业界限，主动融合多种文化、多种业态，实现产加销一体化、“农文旅”一条龙等新产业模式，有效促进全环节升级、全链条升值，让农村产业增值空间最大化。加快发展乡村产业，挖掘乡村多元价值，有利于吸引更多人就地就近就业创业，带动当地经济发展。

### （四）加大政策扶持，培育民族地区的内生动力

民族地区通常拥有丰富的自然资源和独特的文化传统，为区域经济的发展提供了宝贵的资源。政府可以通过优惠政策和经济扶持来吸引投资和企业向民族地区发展。老竹畲族镇政府不仅通过实施基础设施环境治理，还通过为企业和人才提供优惠政策，培育老竹畲族镇发展的内生动力。这不仅可以带动当地的就业和经济活力，还可以改善民族地区的基础设施和生活条件，提高人民的生活水平。老竹畲族镇政府还通过“竹柳新桥”畲族“三月三”歌会和“三月三”畲乡文化节等风情文化活动，打造独具畲族风情的品牌文化活动，不仅能够宣传畲族文化，更能通过这些活动吸引外来游客，带动老竹畲族镇经济发展，增强民族地区发展的信心和动力。

第二篇

# 产业兴旺与未来乡村

# 桐乡市：打造宜居宜业的未来乡村

未来乡村是高质量发展建设共同富裕的方向，是农村现代化的要求，其建设以人本化、生态化、数字化为价值导向，围绕未来产业、风貌、文化、邻里、健康、低碳、交通、智慧和治理九大场景展开。近年来，桐乡市以“风雅桐乡　未来嘉乡”为主题，在美丽乡村建设的基础上，积极推进未来乡村建设，创建了包括浙江省级未来乡村、嘉兴市全域级未来乡村、桐乡市级未来乡村多个未来乡村，彻底改变了发展环境和发展面貌，开创了未来乡村建设新局面，为农村现代化奠定了坚实的基础。

## 一、未来乡村建设的主要做法

### （一）整治生态文明，建设美丽的未来乡村

良好生态是发展的起点，也是乡村建设的宝贵财富。桐乡市坚持人与自然和谐共生，坚持走可持续的绿色发展道路，通过系列措施大力整治乡村综合环境，真正做到让乡村改头换面，让乡村回归乡村。墅丰村通村道路“白改黑”、污水统一收集纳管、“三线”整治序化、统一农房立面风格等，焕新农村风貌；汇丰村着力全方位村容村貌建设，通过道路硬化、村庄绿化、卫生洁化、河道净化优化各方面布局，健全各类配套设施。依托良好的生态环境，近年来，桐乡市积极构建旅游产业链条，致力于打造特色景区和文化名镇。湾里村积极探索集文化底蕴与乡村田园为一体的文旅村庄模式；汇丰村持续打造“康馨文化园—农家乐特色

区—汇丰产业街—新村集聚点”为主线的旅游产业。另外，湾里村依托新地里得天独厚的历史文化和耕读研学载体，打造好新地里遗址、张氏敬胜堂等文化品牌，建设“历史文化＋亲子研学”的未来乡村。加强农村生态整治，建设生态宜居美丽乡村，助力打造特色旅游产业，走可持续发展道路，以“美丽乡村”激活“美丽经济”，打造未来乡村。

### （二）整合发展优势，擘画未来乡村模式

未来乡村建设要贴合自身情况，因地制宜，扬长避短，发展好特色产业，形成优质高效的乡村产业体系。在高水平全面小康社会建成的基础上，桐乡市立足长三角一体化区域性重点城市的战略定位，整体以提升“产品、服务、工程和环境”四大领域质量为抓手，建立健全高水平、高质量发展体系。辖域内的各个村落，在坚定不移践行“千万工程”的同时，结合本村特有资源与发展优势，因地制宜走出各具特色的未来乡村发展道路。墅丰村紧紧围绕“农耕、子恺、红色”三大特色，保持农业发展的主线思维，同时将文化元素渗透农业产业联合打造；湾里村厚植文化土壤，以张家老宅为基开设乡村学堂，以非遗蚕画产业为柱开辟江南茧画良渚文化工作室，打造集休闲、研学、亲子、教育、度假于一体的美丽乡村示范村。汇丰村衔接综合服务中心、沿路发展轴、沿水休闲带、景区游览区、生态居住区、乡村休闲区，推进新时代未来乡村建设，村民生活水平显著提高，乡村面貌焕然一新。荣星村围绕党建引领乡村旅游，打造“百亩田园”景区，铺设游步道，架起观光塔，吸引一批又一批游客前来打卡，美丽经济释放未来乡村建设新动能。荣星村引入金融“活水”，推广“三治信农贷”，使基层治理与普惠金融服务深度融合，保障乡村融资刚需，最大限度提升乡村资金效益，使乡村经济迸发活力。桐乡市全域各个村庄通过挖掘剖析自身发展优势，擘画更为清晰的未来乡村发展模式。

### （三）把握数字改革，推进美丽乡村向未来乡村转型

数字乡村建设是实现乡村振兴的重要举措，是实现农业农村现代化

的重要途径。桐乡市未来乡村示范村把握住数字改革的机遇，以数字化的未来发展趋势引领整体乡村面貌的革新，力求将美丽乡村转变为未来乡村。第一，体现在村容村貌的改建上。在屠甸镇各村都有专属的“垃圾分类数字档案”，村民每次投放垃圾都被实时记录到“智能芯片”上，根据程序设置为投放赋分，依靠积分制度整治各村整体环境。墅丰村通村道路“白改黑”、污水统一收集纳管、“三线”整治序化、统一农房立面风格等，焕新农村风貌。第二，体现在农业转型升级上。传统的农业发展方式，通过数字赋能，升级迭代，大幅提高了农业机械化水平，农产品质量、产量都得到了有效提升。湾里村首创“共富大棚”，在培养、灌溉方面采用数字化技术，采取自产自销的方法，并通过土地流转方式实现增收。数字赋能农业，闲置土地资源得到有效利用，农业发展思路得以拓宽。在数字加持下，当地特色农产品通过直播以及互联网平台得到了更多的关注，打开了产品市场，提高了知名度，获得了更高的销量。第三，体现在智慧化管理上。墅丰村已成功打造未来乡村手机端与电脑端“两端一屏”以及“未来乡村管理系统”，实现数据联动多跨，畅通服务村民生活渠道，支撑乡村治理决策。湾里村开通“万村码上通”第五代移动通信技术（5G）长效管护信息化一期平台，运用了物联网、云计算、大数据、5G、人工智能（AI）等新技术手段实现了农村管理精细化、群众上报便捷化、问题处理及时化和长效管护科学化等效果。运用数据化大平台进行合理开发，找准各个乡村发展优势与“痛点”，有的放矢，形成更高效的监管平台。此外，加强数字乡村与数字文旅的融会贯通，更好塑造自身品牌形象。墅丰村着力突出子恺文化定位，提高农村基础设施水平，改善人居环境，做强“一村一品”，同时致力于用子恺文创提升产品包装，让子恺故事融进农旅体验。多举措数字化管理让村民更好地融入数字生活，提高乡村治理的智慧化水平，从而助力未来乡村发展。

### （四）科学管评与财政支撑，保障未来乡村建设

桐乡市未来乡村建设，离不开自身发展实现完美蝶变，也依赖于管

理制度、财政筹划上的保障和不断跟进。桐乡市级未来乡村建设审批工作按照村申报、镇比选、市审定的程序推进，以片区为单位的建设项目由镇（街道）申报。其成效评价内容主要包括方案执行情况、场景建设情况、工作推进情况、农民满意情况四个方面。另外在奖惩方面，实行未来乡村建设成效奖惩机制，对成效较好的未来乡村给予奖补资金，对评价结果不合格的相应减少资金支持。通过科学管评制度，综合评估乡村的资源、产业、环境、社会等各个方面的情况，从而更好地制定规划和政策，优化资源配置，助力未来乡村建设。通过精确的数据分析和综合评估，确定乡村建设的重点和方向，更加准确地了解乡村发展的问题和潜在挑战，以制定相应改善措施，避免盲目投资和资源浪费。从党建指路引领到数字化改革，逐步构建起桐乡市具有标识的自治、法治、德治、智治“四治融合”乡村治理体系，在改善农村的基础设施、教育文化和生态环境的同时，也推动了乡村经济的发展、农民收入的提高。桐乡市财政聚焦打造农业农村现代化先行示范，持续加大支农投入、创新保障方式，支持实施“农业双强”[①]、全域农创、乡村建设和强村富民四大行动，全力抬升共同富裕“三农”底盘和基座，奋力打造稳而实的未来乡村“共富路”。科学的评议机制提供准确的数据支持和决策参考，让桐乡市未来乡村建设更具活力；有效的监管平台使乡村发展得到保障，为未来乡村建设再添动力。

## 二、未来乡村建设取得的成效

桐乡市积极推进乡村振兴战略，不断深化“千万工程”，迭代升级美丽乡村建设，以“风雅桐乡，未来嘉乡”为主题，推动未来乡村建设，加快推进农业农村现代化，建设更为宜居宜业的美丽乡村。

### （一）从已有成就看未来乡村建设有基础

通过统筹资源优势，辅以财政支持和科学管理评价系统，创新乡村

① “农业双强”指科技强农和机械强农。

治理模式，未来乡村发展已取得一定成效。截至目前，桐乡市成功建成7个省级未来乡村、1条省级新时代美丽乡村共同富裕示范带、17个省级新时代美丽乡村精品村，先后打造桐乡市级美丽乡村精品线9条、镇级美丽乡村精品线11条、党建引领美丽乡村精品线1条，覆盖全域11个镇。美丽乡村基础上的未来乡村建设，使桐乡市农村充满了活力和创造力。

### （二）从城乡一体化融合发展情况看未来乡村有活力

乡村的快速崛起，使桐乡市城乡一体化融合发展取得巨大成效。2022年，桐乡城镇居民人均可支配收入为70 286元，首次突破7万元大关；农村居民人均可支配收入为46 509元，同比增长6.4%，增幅列嘉兴市第二位。城乡居民收入比，是衡量收入增长质量的一项重要指标。优良的居民收入水平直观反映了桐乡市经济社会发展的活力。城乡居民收入比持续走低，展现了市区经济蓬勃生机，同时村级集体经济跟上步伐，农户增收道路拓宽。城乡融合发展也带来了不少契机，一方面，资源在城乡间更加自由流动，城乡合作愈发紧密；另一方面，农村的劳动力和土地资源得到充分利用，进一步助推乡村经济的发展。

### （三）从居民幸福感提升看未来乡村有生命力

桐乡市发展日新月异，人居环境和基础设施方面都有了极大改善。在越织越密的民生保障网下，公共服务和便利设施日臻完善，人民生活水平显著提高，居民幸福感稳步提升。墅丰村盖起了共享食堂，汇丰村建起了文化礼堂，荣星村更是建起了恒钜足球场、文化综合活动中心。各个村庄都基本完善了健身器材，为当地居民提供便捷、健康的饮食和文娱场所，从物质层面到精神层面为居民提供切实的宝贵财富。此外，各个村庄通过惠民下乡演出、承办乡土美食节、艺术文化节等活动，促进了文化交流，加强了当地居民对本土文化的认同感和自豪感，更推动了文化的传承和保护。

## 三、未来乡村建设的启示

桐乡市以“千万工程”为抓手，抓牢一系列政策导向，提质增效促进未来乡村发展；桐乡市擦亮绿色发展底色，构建新型生态朋友圈；推进文旅、农旅、农文旅加速融合，多元化打造未来乡村建设新模式；深耕数字赋能，挖掘数字引领的未来乡村发展潜力。桐乡市通过多措并举走出一条别具特色的未来乡村建设道路，绘出美丽乡村新画卷，为未来乡村建设提供了富有借鉴意义与推广意义的经验启示。

### （一）抓牢政策导向，推进未来乡村建设

政策是一切工作的生命线，只有掌握政策、理解政策、正确使用政策，才能最大限度地激发未来乡村建设的活力。桐乡市出台《关于深化“千万工程”建设新时代美丽乡村行动计划（2022—2025年）》，为未来乡村建设提供了政策依据，把准未来乡村发展方向不离轨，实现稳中求进，行稳致远。桐乡市制定《未来乡村建设推进与评价办法（试行）》，规定全市未来乡村的对象确定、工作推进、成效评价、结果运用等内容，创新“3+2+X”模式，围绕补齐农村人居环境、公共和基础设施短板，突出特色，创建培育省级未来乡村。桐乡市颁布《关于加强和改进新时代桐乡人才工作的若干意见》，辅之以相应人才计划、人才服务、人才改革试验区和40余项配套细则，积极引进人才，为未来乡村建设夯实人才基础、强化人才支撑。良好的政策为桐乡市的未来乡村描绘了更为清晰的建设蓝图，一个又一个未来乡村在桐乡市上新。

### （二）擦亮绿色发展底色，推进未来乡村建设

生态环境保护工作事关民生福祉和经济社会可持续发展，也事关未来乡村发展的韧性。桐乡市统筹实施《桐乡市生态文明创建规划》《高水平建设新时代美丽桐乡规划纲要（2020—2035年）》，纵深推进生态文明示范建设。各级政府部门以高度的责任感和政治担当，落实生态环境

整改方案，建立健全生态环境保护长效机制。通过加强领导、加大投入、强化整治、协同推进，坚持水环境综合治理，实行跨县跨区域联合治理，推动产业绿色低碳转型升级等措施，有效解决未来乡村发展过程中的生态问题，稳步改善生态环境质量，优化人居环境，切实守牢生态安全底线，助力生态环境可持续优化，守护好桐乡市的绿水蓝天，让绿色成为未来乡村发展的底色。

### （三）扎实推进农旅、文旅、农文旅融合，助力未来乡村建设

打破传统的发展模式，以农业产业为基础，旅游休闲为形态，历史文化为灵魂，推进农业全产业链发展，打造农文旅融合的未来乡村发展样本。桐乡市积极探索产业发展新路径，深入挖掘乡村的多元价值，凭借丰富的农业资源、良好优美的生态环境、深沉丰厚的历史文化底蕴，让农旅、文旅、农文旅融合出新。通过以旅游为载体，充分发挥文化优势，持续利用如“茅盾文学”“子恺文化”等文化定位赋能，让文化资源活起来，带动露营休闲、研学体验等文旅活动，打造文旅发展的金名片。通过发展农业观光、农事体验、农耕文化等新型业态，打造农业嘉年华、农产品展销会等主题农事活动，建设精品农旅品牌。通过创新“农业 + 文化 + 旅游”的农文旅融合发展模式，全面展示高颜值乡村底色、高质量乡村农产品、高价值乡村文化，促进乡村产业发展，助力未来乡村建设。

### （四）深耕数字赋能，推进未来乡村建设

数字化是现代化的重要特征和全面推进乡村振兴战略的重要突破口，也是推动未来乡村建设的新引擎。桐乡市充分把握数字技术为传统产业转型升级和乡村建设、乡村治理现代化创造的机遇，通过全天候监测、远程操控管理系统使农业生产更精准、更高效；通过电子商务、直播带货等数字化应用不断丰富乡村产业业态；通过远程医疗服务、普惠金融服务、智慧管理平台等数字惠民服务，完善数字基础设施，大幅提高未来乡村公共服务的效能；通过数字党建、数字村务系统，让村民充分参

与村务管理，有效提高未来乡村治理水平。在数字技术的支撑下，桐乡市已连续四年获评全国县域数字农业农村发展评价先进县，入选浙江省数字乡村试点县、浙江省数字乡村“金翼将”十佳县。在数字化的引领下，桐乡市未来乡村建设快速有序推进，彻底改变了农村发展面貌。

# 缙云县：把菜干做成强村富民的大产业

乡村要振兴，就要把产业振兴作为乡村振兴的重中之重，积极延伸和拓展农业产业链，培育发展农村新产业新业态，不断拓宽农民增收致富渠道。缙云菜干，是缙云县“五彩农业”的重要组成部分，采用传统的“低盐回卤”和独特的“三蒸三晒”相结合的工艺所生产的低盐酱香型菜干，有别于市面上的其他菜干，其既保留原有风味又不会产生大量废盐水，更被全国餐饮界所青睐。缙云菜干制作技艺已被列入丽水市非物质文化遗产保护名录，缙云菜干文化系统也成功入选浙江省首批重要农业文化遗产资源名录。2023 年缙云县芥菜种植面积达 15 000亩，菜干产量从 2013 年的 150 吨增长至 2023 年的 6 750 吨，产值达到 10 260 万元，其中菜干专业户5 000多户，取得食品生产许可证企业 3 家、小作坊 5 家，带动近万户农户致富增收，菜干成了强村富民的“金菜干”。

## 一、菜干产业做大做强的主要做法

缙云县以农业农村优先发展为总方针，以深化农业供给侧结构性改革为主线，以实施乡村振兴战略为总抓手，大力发展缙云菜干特色产业，推动菜干全产业链可持续发展，不断提升农业质量效益竞争力，为巩固拓展脱贫攻坚成果、全面推进乡村振兴、助力共同富裕提供支撑。

### （一）实施稻芥轮作，促进菜干增产增收

缙云县积极引导和鼓励稻芥轮作，合理的轮作贯彻高生态效应，能够维持地力、调节土壤肥力、均衡土壤养分，同时带来经济效应。一是引进省农业龙头企业浙江畅享生态农业有限公司，推广稻芥轮作模式，形成示范带。二是建立芥菜新品种选育试验基地，推广芥菜种植新技术，实现了亩产芥菜超5 000千克，基地的芥菜在收割后将直接进入加工中心制作成梅干菜，形成“生产—加工”一条龙服务，将机械与科技应用在农业生产中，走好农业现代化之路，提高效益。三是建立叶用芥菜标准化栽培种植示范基地，规范芥菜种植、菜干制作的每道制作工序，保证了菜干口感与质量，使菜干市场价格连年上涨。

### （二）与高校开展合作，助力菜干技术创新

缙云县加快推动缙云菜干技术创新服务平台落地，与浙江工业职业技术学院建立战略合作关系，依托大专院校，引进人才，打造省级农业科创平台和省重点农业企业研究院，联合组建缙云菜干学院，加快申报菜干生产团体标准，实现加工标准化、设备智能化、产品功能化、利用全株化，掌握市场话语权。此外，缙云县与浙江工业职业技术学院黄酒学院签订缙云菜干研发战略合作协议，与缙云县农业农村局、丽水市农林科院、缙云食品监督检测所开展了大量菜干加工工艺研发、实验、检测工作，从工艺上实现自动化、规范化的工业化生产。

### （三）龙头企业带动，推动菜干工业化生产

缙云县以“公司+基地+农户”的生产运作模式，培育技术力量雄厚、生产设施完善的菜干加工公司，目前已经引进了“菜味居”“蒸美滋”“青亭圆”等品牌，并且以工业化思路推动菜干生产革命，颠覆了“家庭作坊”“手工作业”的传统模式。缙云菜干主产地东方镇引进浙江菜味居农业开发有限公司，其厂内设有全自动流水清洗系统、新型腌制压实设备、腌制发酵的数字化监测及管控系统、半自动化出料及物理脱

水装置，特有的真空干燥设备、微波烘干设备、远红外烘干辅助设备、热风流循环系统以及天然立体晾晒场，古法优化回卤和蒸煮设备、品质等级筛选设备、自动化成品包装设备等，工艺上在保持“三蒸三晒、低盐回卤”的基础上，推行“多道清洗、整株腌制、立体晾晒、微波烘干”，实现全程机械化、智能化。在农业龙头企业的带动下，东方镇顺势开展涉及千家万户的菜干质量提升行动，建立镇村干部结对联系制度，推行“红黑榜”，加快建设以菜干为重点的省共富乡村试点，全力打造菜干专业示范村 2 个。

## （四）开发系列产品，拓宽菜干销售路径

2023 年，“中央一号文件”首次提出“培育发展预制菜产业”，缙云县立足于预制菜产业新“风口”，着力打造缙云菜干“网红经济”，并且最大限度拓宽销售链，采取订单、直销、代销和电子商务、网上销售等多形式、多模式的销售策略，建立更加健全的菜干销售网，不断拓宽菜干的销售路径。缙云县以菜干为重要食材，结合当地特色农产品，衍生了菜干麻鸭、菜干酱等系列预制产品，不仅增加了菜干的附加值，而且为菜干产业开拓了更广阔的市场。以缙云菜干为“灵魂”的缙云烧饼深受人们喜爱，被誉为“浙江名小吃”“中华名小吃”“首届中国金牌旅游小吃”，更在 2023 年成为浙江“百县千碗”唯一入选杭州第 19 届亚运会、第 4 届亚残运会的特色小吃。此外，缙云菜干的用途不局限于制成菜品，浙江菜味居农业开发有限公司出产的菜干干净无渣，可以直接用来泡茶喝，其每千克售价甚至能达到 200 元。

## （五）创新加工模式，保障菜干食品安全

缙云县菜干企业正积极探索现代化加工模式，实行标准化、规范化、产业化的精深加工，以确保菜干的品质优良、稳定。一是在工业化生产发展方面，东方镇成功引进浙江菜味居农业开发有限公司，用工业化思路推动菜干生产革命，在保持“三蒸三晒、低盐回卤”传统工艺基础上，对菜干生产加工技艺进行颠覆性变革，自主研发了流水线生产的集

成机械设备，推行“多道清洗、整株腌制、立体晾晒、微波烘干、分段利用”，实现全程机械化、智能化，打造了更为安全、高效、美味的东方菜干。二是在品质安全把控方面，缙云县建成芥菜精加工、深加工标准化加工厂，开展菜干工业化生产、数字化腌制、加工工艺优化、新品种研发、品质标准认定、实时监测与监控等应用研发，全面提升芥菜加工食品卫生等级，优化菜干生产加工程序。三是在严格质量标准方面，经缙云县相关部门积极推动，丽水市地方标准《芥菜干加工技术规程》（DB 3311/T225—2022）正式发布。同时，企业生产过程参照国际ISO22000食品安全体系、国际ISO9001：2008质量管理体系、ISO14001环境管理体系、ISO45001职业健康及安全管理体系和HACCP危害分析与关键控制点认证体系进行管控。四是在质量监管方面，市场监管部门会同有关乡镇政府、农业技术综合服务站根据规范要求，引入新型菜干制作技艺，引导菜干制作从传统古法向现代工艺进行转型。

## 二、菜干产业做大做强取得的成效

缙云菜干产业在其主产地东方镇的带动作用下，创新发展思路，深入开展强链补链延链行动，产能稳步提升，产业逐步发展壮大，带动了更多的村民在家门口就业，增加了村民的收入，绘制成了乡村振兴新画卷。

### （一）菜干品质提升

一是实现了菜干生产有标准可依，《芥菜干加工技术规程》对芥菜干的制作过程和工艺标准进行了详细规定，为保护传统工艺、规范加工过程和提升产品品质提供重要的技术支撑；《芥菜栽培技术规程》顺利获得立项，实现了缙云菜干生产“有标准可依”，有助于提升菜干的质量和安全性。二是实现了菜干加工工艺改进，浙江菜味居农业开发有限公司采取“整株腌制、立体晾晒”方式，从根本上确保菜干品质，缙云菜干（浙江菜味居农业发展有限公司）荣获2023浙江农业博览会优质奖；

“青亭圆”系列菜干产品荣获丽水市“农遗良品”优秀品牌；东方菜干还成为2023年杭州亚运会专供产品，并收到了亚组委的《供应商证书》和《感谢信》。

## （二）农民收入增长

随着预制菜产业的快速成长以及丽水农旅融合的发展，作为半成品原料和土特产的菜干销售市场日渐火爆。缙云菜干产业发展势头迅猛，总产量从2013年的15万千克，到2022年底已达480万千克，产值近亿元，直接带动5 000多户农民就业，菜干市场价也连年上涨，每千克价格从之前的2—2.5元上涨到了5元左右。菜干主产地东方镇带动种植九头芥农户本镇达4 000多户、周边乡镇5 000多户，2022年芥菜产值达9 000万元，菜干、预制菜产值1.89亿元，全产业链产值达4.79亿元，东方菜干成为强村富民的主要来源。在缙云烧饼产业的带动下，缙云菜干需求迅速扩张，产业规模不断扩大，以缙云菜干品牌带动农户增收，将缙云菜干标志性成果转化为美丽经济，预计可为本地农户提供300个工作岗位，包含50个低收入农户岗位。

## （三）产业融合发展

缙云县积极开发农业农村生态资源和乡村民俗文化，探索农文旅融合发展道路。以强村公司为主体串联千亩稻芥轮作基地、东方绿道等特色景观建设陌上东方主题农旅体验园、以梅干菜产业及梅干菜精神为主题的展示馆、梅干菜产业园等，能够让游客沉浸式体验现代化农事及相关休闲旅游，让村集体共享“休闲经济”红利。“网红千亩稻田”短短2个月时间，吸引游客8 000多人次。同时，菜干文化节和芥菜王评比大赛的举办，扩大了缙云菜干的品牌效应，使众多游客慕名而来，不仅传承弘扬菜干文化，丰富了群众的“脑袋子”，而且促进村民增收致富，使村民的“钱袋子”越来越鼓，菜干文化成功转化为菜干经济。

## 三、菜干产业做大做强的启示

缙云菜干的成功实践，为实现乡村振兴、助推共同富裕开辟了一条有特色、可复制、能推广的道路。农业高质量发展要坚持以生态为基、以工艺为重、以品质为先、以文化为魄、以增收为要的思路，加快推进农业现代化。

### （一）农产品质量安全是农业发展的基础保障

缙云县在菜干质量安全方面大下功夫，出台了缙云菜干行业标准和地方标准，通过统一注册商标、标准门店、产品种类、产品标准、经营标准、培训工作等举措形成标准体系，菜干企业也在积极探索现代化加工模式，实行标准化、规范化、产业化的精深加工，在提高生产效率的同时保障菜干质量。“民以食为天，食以安为先”，要重视农产品供应链的质量安全，制定统一标准，加强监管力度，提高农产品品质，开创一条全方位保护、全产业链提升、全要素化保障的共富之路。

### （二）生态农业是农业发展的重要路径

绿水青山就是金山银山，在发展农业特色产业的时候，要遵循自然规律和经济规律，兼顾生态效益和经济效益。缙云县稻芥轮作的种植方式不仅形成了把“闲田”变成助农增收的“钱田”，实现了“一亩田万元钱”的综合效益，而且能减少病虫害发生，改善土壤团粒结构，有利于可持续健康发展；缙云县顺势而起的旅游热也是依托于生态与现代农业的完美结合，千亩稻芥轮作基地、东方绿道等特色景观吸引了众多游客。实践证明，经济发展不能以破坏生态为代价，生态本身就是经济，要立足区域资源禀赋和比较优势，坚持保护生态优先，发展优势产业，推动生态产业园、田园综合体、农村三次产业融合发展先导区等多元化发展，促进休闲农业和乡村旅游发展。

## （三）农业文化是农业发展的重要基石

推动高质量发展，文化是重要支点。缙云县深入挖掘菜干文化，其菜干晒制技艺已经被列入丽水市非物质文化遗产名录，菜干文化系统也成功入选浙江省首批重要农业文化遗产资源名录。一是加强农业文化遗产品牌综合赋能，依托于“有缙道”农产品区域公用品牌，推动缙云菜干生产标准化、规模化、品牌化，极大提升其附加值以及市场竞争力。二是举办农业文化遗产有关活动，通过开展缙云菜干 LOGO（标识）有奖征集大赛、菜干文化节、芥菜王评比大赛，弘扬菜干文化，扩大缙云菜干的影响力。要推动农业高质量发展，就要以品牌农业为引领，以农业文化遗产为重要抓手，立足资源禀赋，深挖发展潜力，做强特色优势。

## （四）农业产业化是农业发展的必由之路

生产加工方面，缙云县引进浙江菜味居农业开发有限公司，建立缙云县芥菜精加工、深加工标准化加工基地，以工业化思维颠覆菜干传统生产加工方式；销售方面，缙云县采取订单、直销、代销和电子商务、网上销售等多形式、多模式的销售策略，产品由强村公司作为总代理销往全国各地，最大限度拓宽销售链。将工业化思维运用到农业，就要对农业生产进行工业化运作，将农田变工厂、农房变车间、产品变商品、农民变工人，就地就近工业化，在销售上进行市场化推广和品牌包装，规模化、标准化、市场化、品牌化及可控性、可测试性等要素要互相作用，同时也要互相制约，协调推进产业化发展。

# 常山县：创新打造“共富果园”模式

乡村振兴、共同富裕建设靠产业的发展，而产业的发展和竞争需要规模经济的保障。常山县地处浙江省西部、钱塘江上游，生态优势显著，林业资源丰富，素有中国胡柚之乡、油茶之乡的美誉，有胡柚、油茶、蔬菜等各类特色作物 46 万亩，但 80% 分散在农户手中，生产经营方式传统低效。近年来，常山县坚持系统创新思维与“绿水青山就是金山银山”的发展理念，充分发挥林业在共同富裕示范区建设的重要作用，潜心打造“共富果园”，擦亮“两柚一茶”金名片，蹚出一条具有鲜明常山特色的发展道路。截至 2022 年底，全县创建了“共富果园”30 个，2023 年新申报创建共富果园 26 个，涵盖常山胡柚、油茶、食用菌、中药材等 40 多个产业品种，总面积 2.5 万余亩。在“共富果园”的带动下，2022 年，常山县农村集体经济总收入达 2.2 亿元，30 个共富果园所在村村集体收入达 5 557.8 万元、村均收入为 150.2 万元，比全县村集体平均收入 122.7 万元高 21%。“共富果园”项目创建荣获浙江省第七届农民创富大赛十大获奖项目，“柚香谷共富果园”新模式案例入选《巩固拓展脱贫攻坚成果同乡村振兴有效衔接优秀案例选》。通过创新打造“共富果园”，常山县真正拓宽了山区共同富裕通道，成为生态产业富民实践地。

## 一、建设“共富果园”的主要做法

为加快建设“浙西第一门户”，不断拓宽“两山”转化通道，常山县以“共富果园”为抓手，积极探索“扩中”“提低”改革实现路径。政策保障与分配机制并行，产业数字化与宣传创新并举，奋力跑出常山县农村共同富裕加速度，高水平推进农民共同富裕行动。

### （一）健全政策保障体系

优化党政领导班子、完善政府工作机制、健全政策保障体系是新时代实现共同富裕的重要前提。常山县建立由书记、县长任双组长，乡镇部门主要领导为成员，村书记直接参与的县乡村三级“一把手”联动工作机制，贯通生产、供销、信用“三位一体”的“县农合联+乡镇农合联+产业农合联”体系。同时，坚持政策推动，重视政策集成，构建协调配套的政策体系，出台系列《“共富果园”建设工作的实施意见（试行)》，制定“等级嘉奖+单项激励+综合奖励”的政策体系。在综合奖励上，创新“1+N”政策包，以经营主体需求为导向，做到分类施策、精准滴灌。创新通用券、科技券、培训券、就业券、金融券、采购券、低碳券7券兑现模式，累计兑现政策43项；在等级嘉奖上，对“共富果园”创建百分制绩效考核，设置等级考评奖、金融贴息奖、要素配置奖；在单项激励上，对带动作用明显的“共富果园”设立社会贡献奖与亩均投资奖项，予以一次性绩效激励，从而有效吸引社会主体、村集体(强村公司)、农户参与共建。

### （二）深化数字应用管理

常山县深入贯彻数字经济“一号工程战略部署”，着力推进“共富果园”与数字技术的深度融合，以数字赋能产业发展。“共富果园”创建遵循“一园一策”和“一业一特”原则，启动规范化、标准化、数字化、精深化、品牌化、景区化“六化”建设。依托生态资源“云脑”，打造数字化应用场景，实现“共富果园”全周期、数字化、可视化管理。一方面，搭建数字产业链，实现数字化育苗，打造生产端口智能化，并对自动投喂系统、水肥一体化、土壤墒情监测、自动喷淋等智能化设备进行改造提升。另一方面，加速推进流通端口数字化，搭建多个电商平台，加快“共富果园”产品进城入市。此外，常山县利用“云脑”开发胡柚低碳“U”码，涵盖碳排核算、胡柚碳足迹、碳交易等全要素评价，推动低碳绿色发展。

### （三）聚焦共富分配机制

常山县构建公司与村集体、农户三者创新“1 +2 +3”利益分配模式，促进收益合理分配，提高中低农户收入，实现村强、民富、企赢。“1 +2 +3”利益分配模式，“一次分配”即支付农户土地流转等财产性收入及劳务工资性收入；“二次分配”即鼓励经营主体根据利润对参与农户及村集体实行奖励、分红；“三次分配”即鼓励经营主体捐赠共同富裕基金，帮扶低收入农户或资助属地村开展公益性事业建设“共富果园”，借助“两山”合作社对农户低效资产进行流转收储、增信投资，并引入社会资本联合开发、对症盘活，实现资源变资本、荒地变宝地、废园变钱园、劣田变良田，村民变股民、农民变工人、村干部变“CEO”（首席执行官）。如天马街道天安村“父亲的水稻田”，签约50名农民对500亩水稻进行网格化管理，明确对亩产稻谷300千克以上的网格，在劳务工资的基础上再给予500元/亩生产奖励，2021年支出奖励25万元。

### （四）创新品牌宣传模式

市场的竞争核心是产品的竞争，产品的竞争归根结底是品牌的竞争，创建品牌是持续发展和赢得市场的关键。为打造“共富果园”品牌，常山县注重展示成果、推广做法、介绍经验，通过影视、社交网络、案例大赛等渠道进行宣传，成果斐然。常山县发布推出《我是共富果园CEO》栏目，在常山县电视台、“常山发布”、“抖音”等媒体平台定期发布，让每个“共富果园”负责人走到屏幕前，推介自家的“宝贝”，营造了良好的“共富果园”创建氛围。常山县积极创新品牌营销，采用“订单农业 + 连锁经营 + 品牌专卖 + 电商直播”多元化的销售模式，将“共富果园”农产品打造成“新网红”。对符合质量要求的农产品，授权使用“一份常礼”公用品牌，不断提高“共富果园”的知名度、美誉度、认知度。此外，常山县还拍摄《胡柚娃》动漫电影，举办“赏花问柚”活动，与浙江卫视合作拍摄《“食”万八千里》，连续两年举办的“万人UU音乐节”更是成为全网热点。常山县不断强化品牌建设、促进品牌推广，增强消费者对常山“共富果园”品牌的识别度与记忆度，扩大品牌影响力与宣传覆盖面。

## 二、建设“共富果园”的启示

常山县聚力实施“共富果园”试点，打造农民共同富裕的细胞工程、品牌工程、示范工程、创新工程，是山区农业发展的有效模式。常山县建设“共富果园”的一系列实践，不仅促进了村级经济发展、带动农民致富增收、撬动区域品牌效应，更为拓宽山区共同富裕通道作了有益探索，提供了清晰且可供参考的思路。

### （一）资金保障，政策支持，夯实共同富裕建设基础

共同富裕的实现离不开政府政策的引导与财政资金的支持。以政府政策为锚，采取财政手段与金融手段保障共同富裕建设所需的资金量，是实现共同富裕必不可缺的重要手段。共同富裕建设对各项政策之间的耦合性要求更高，各地在把握地区资源优势与当前发展特点的基础上，势必要更加注重政策的协同配套，增强政策举措的前瞻性、灵活性、协调性，以系统的发展思维看待问题。与此同时，要充分发挥资金的补助作用。优化财政支农资金结构，提高财政资金绩效，完善乡村振兴相关资金管理机制，即推动国家顶层设计与基层创新实践有机结合，进一步增强乡村振兴相关政策实施和资金投入的精准性和有效性。鼓励各地因地制宜统筹安排资金，积极推进集中财力办大事，并创新运用基金、担保、保险等多种支农方式，引导撬动社会资本、金融资本多元化投入。

### （二）培育品牌，加强宣传，充分发挥品牌的市场效应

产品的区域品牌是促进地区经济发展、实现共同富裕的强力助推器。

消费升级背景下，消费者对于品质化、多样化的产品需求不断上升，对产品的消费逐渐由商品消费转向品牌消费。因此，加强地区特色产业的品牌打造与营销推广，可以增强市场竞争力，在共同富裕建设进程中抢占先机。同时，要加大经营理念、品牌意识、科技创新、数字化应用、精深加工等方面的培训力度。在明确区域品牌定位的同时深度结合区域资源、人口劳动力等各方因素，以产品的差异化与独特性满足消费者的个性化需求。在品牌培育基础上不断加大品牌宣传与推广力度。通过电视节目、广播、网络等媒体频道与富有特色的活动举办，打造全渠道营销，把握全链路流量，提升品牌美誉度，全面推广品牌文化，让品牌文化变得生动、丰满、形象，在潜移默化间赢得消费者的认同感。同时，开拓多元化品牌销售渠道，线上线下、直销非直销齐采用，充分发挥互联网普及优势，通过自有电商平台、第三方电商平台或广大社交媒体，扩大销售市场，以品牌之力拓宽共同富裕道路。

### （三）土地流转，规模经营，打造共富产业数字场景

常山县将低、小、散农产品种植“化零为整”，推出的“共富果园”模式具有高度参考价值。地区共同富裕的建设一方面离不开土地要素支撑的强化。首先，将区域土地作为有机整体，统筹整合资源开展全域土地整治，由村集体统一流转农民手中的“碎片化”土地，集中承包、连片开发，高效盘活土地资源。其次，将分散的个体户集中起来，组成专业且具有规模效应的产业集群，统一经营管理，达到延伸产业链，扩大产业业态，产量、产值双增长的效果。另一方面要充分运用数字技术，建立健全数字化管理体系，升级融合三次产业数字化应用场景。尤其是通过产品与生产数字化、基础设施数字化、供应链数字化、运营与渠道数字化、用户数字化赋能农业发展。建设农产品信息库，统一归集种植、生长、加工、销售等信息，推广适宜当地地理气候条件的农机，提升农机覆盖率，逐步实现产业智慧化监管、数字化管理，以数字技术促进产业增收，以数字赋能推动共同富裕。

# 山前村：从“水窟塘”到“幸福村”的蝶变

习近平总书记指出，人民对美好生活的向往就是我们的奋斗目标。推进乡村振兴，实现共同富裕是人民群众的共同期望，是农村经济社会发展的必然要求。山前村隶属于台州市黄岩区南城街道，位于城郊土屿山之南，地处城乡接合部。2008 年，山前村还是一个逢雨必涝的小山村，人居环境水平亟待改善。近年来，山前村从改变“水窟塘”现状出发，以干群联动下好人居环境整治“先棋手”，以党建引领打出红色人文“组合拳”，以数字赋能创新公共服务“连环招”。随着村内汽车 4S 店、菜市场、物流基地三驾集体经济的“马车”齐头并进，村域经济在短短十几年内迅速发展，小微园区的创立更是成为产业振兴的新引擎。2008 年，山前村集体经济收入仅为 89 万元；2022 年，山前村集体经济收入发展至 3 500 万元，村民人均收入上升至 6.2 万元，集体资产发展到 7 亿多元。山前村先后获得 3A 级文化旅游村、全国乡村治理示范村、全国服务农民服务基层文化建设先进集体、全国民主法治示范村、省级美丽宜居示范村、省级森林村庄、省级先进基层党组织等多项荣誉，真正实现从“水窟塘”到“幸福村”的蝶变。

## 一、从“水窟塘”到“幸福村”蝶变的主要做法

乡村要振兴，生态宜居是基础，产业兴旺是关键，治理有效是目标。

从百姓需求出发，山前村“两委”班子以居住环境向好向善为契机，以集体经济壮大壮强为抓手，以公共服务提质提优为支点，撬动落寞村庄重焕勃勃生机，成功实现从“水窟塘”到“幸福村”的美丽蝶变。以村庄环境治理为起点，山前村不断提升村民居住获得感、满足感、幸福感，走出了一条干在实处、行在前列的“山前模式”。

### （一）干群联动，凝心合力圆村梦

一是解决农房改造的迫切基础性需要。由于用地指标限制，山前村有近 20 年时间未批地建房。地势低洼，旧屋老房，户户进水，逢雨必涝，“水窟塘”无法满足村民生产生活的实际需求。2008 年，在村民改善居住条件呼声强烈、村委建设美丽村庄意愿迫切情况下，适逢黄岩区启动农房改造项目，一系列惠民政策的帮扶支持，助推山前村积极申报农房改造试点村。在改造期间，村“两委”班子以人为本，共召开多次内部会议、村民代表大会，广泛征求民声民意。面对当时只有 85 万元的村集体经济收入的现实，为解决农房改造项目的启动资金缺口问题，村党支部书记张岩荣和村委会主任张胜荣以个人名义作担保，发动 20 位有家庭作坊、收入较好的党员村民合力为村集体贷款，最终筹得资金 650 万元，破除“用钱难”的窘境，确保山前村提升人居环境工作的推进。对余下的钱款缺口，山前村“两委”征询民智，干群联动，以一半征地款作押金，用于地基保留和原址建房。最终，210 间农房改造完成，108 户村民住进了花园式“别墅区”，村庄人居环境得到有效治理，也为集体经济的飞跃打下了坚实基础。

二是满足水患整治的环境建设需要。2014 年，山前村开展“治水护水、扮美家园”先锋行动，聚焦水患问题，实施污水管网建设和河道整治，前后共投入 1 500 万元。面对“征地难”问题，党员干部讲透政策、讲明道理，百姓放心、理解，齐心合力，“征地难”的问题在干群联动、携手共建中巧妙化解，50 户村民的征地工作顺利推行。通过规划山前小区污水管网建设，完成凹兜里塘、新桥头河清淤，进行河岸绿化梅花林种植，以及新建三个荷花观赏池，山前村的生态环境得到了显著改善，长期困扰村民的问题得以妥善解决，一幅“水清、流畅、岸绿、景美”的生态画卷正徐徐展开。

## （二）赓续红色，党建引领聚村心

一是红色根脉守在前。作为红色根脉的见证者、传承者、推广者，山前村在劳动南路南延工程启动之时，坚决做好黄岩县委机关旧址的拆迁重建工作。扎根在山前新区的中共黄岩县委机关旧址陈列馆，保存展出近百幅历史图片、3 万余字文字史料和多件实物，传诵郑彩娥、林泗斋等本土红色人物的动人故事。其不仅再现了抗日救亡和革命斗争时期下的黄岩，还对红色精神的内蕴进行了淬炼升华，成为各单位各部门的教育实践基地，有效推动新时代下的爱国主义教育与革命教育，年接待游客超 2 000 人次。红色根脉要“守”，更要“传”。近年来，山前村邀请新乡贤、优秀村书记、群众代表组成“红心”讲师团，每月定期开设沉浸式党课，生动形象讲好党的故事。同时，组建村红色表演队，编排红色文艺节目，连续多年在“村晚”进行演出。

二是组织方针领在前。针对村民人均收入不高、生产产品市场竞争力弱的问题，山前村党委专门建立 7 个产业型党小组，让产业能人带动个体户“抱团”闯市场。党员干部发挥先锋模范作用，帮助解决资金、土地、用工和技术等问题，大力推动个体户发展。以产业方面的党群结对，用项目援助、投资入股、技术扶持和提供岗位等方式，带动其他村民创业致富。人才振兴与组织振兴双管齐下，助力全村一年实现销售收入 5 000 万元。

三是党员力量挺在前。加强“三农”工作，需要充分发挥基层党组织的战斗堡垒作用和党员的先锋模范作用。山前村自创“阵线”前移法，将党建与村务工作以“两委”班子联系党员、党员发动群众的模式落实到位；建立“1 + N”联系帮带制度，即党员联系户制度，以 1 名党员带头、3 户结对群众响应的网格化管理来谋发展、解难题，以“双向选择法”打造红色基层服务“朋友圈”。目前，山前村已建立帮扶关系 100 余对，在河道整治、劳动南路拆迁征地、疫情阵地防控等方面都发挥了重大作用。在党员牵头建设的小微园区项目上，135 户土地情况 1 周内实现全调查、85 亩土地 6 天内实现全丈量、补偿款 2 天内实现全发放，真实体现了山前村的“红色加速度”。此外，针对党员自身，山前村以道德诚信档案开展党员考核，通过量化评估激励先锋模范带头发展。

## （三）抱团赋能，以强带弱助村富

一是两地发力，优势互补。村庄合并是助力乡村振兴的必由之路，也是发展共同富裕的有力之举。2015 年，黄岩区启动行政村规模调整工作，山前村自此合并官庄梁村。大村并小村，矛盾多生。合并后，妥善解决村集体福利分配问题的根本途径在于“做大蛋糕”。结合官庄梁村的闲置土地资源，山前村利用结余流动资金，启动小微园区的建设项目，以引资招商促进村集体经济的质变。2021 年，小微园区直接增收 2 600 多万元。在分配实践上，“一碗水端平”是山前村的工作重点。原山前村村民的分红不变，新山前村村民的收入更是从无到有，两村融合的挑战在“两委”班子的齐心下悄然化解。

二是四村合力，资源共享。为解决区域发展不均衡问题，南城街道牵头片区抱团，以示范村为龙头，四村合力助发展。2021 年，土屿党建联建应运而生，秉承着“强弱帮带”的发展思路，以“区域统筹、产业融合、多方联动”为共富引擎，从“串点成线”到“强片拓面”，乡村振兴不断迈入新阶段。山前村、山后村、义新村和墙洋村四村，在地缘、亲缘纽带的联结下，“强村富民”的内生动力不断激活。通过信息资源共享互通，四村在土屿山开发、塑料日用品产业转型等方面开展深度合作，充分凝聚联盟力量，形成“组织共建、资源共享、经济共荣、发展共进”的发展合力。在实现集体创收、村民增收的同时，联建运行也为乡村治理、议事与交流提供了实体化平台。“三会三民一述评”制度是实现区域治理全过程民主的创新手段。月初“白搭会”、月中“议事会”、月末“询问会”有效融入民说、民议、民评三环节，民生民意的广泛参与，助力基层治理再上新台阶。

三是班子接力，携手共建。要抓好基层治理现代化，就要牢牢抓住基层领导班子这个“关键少数”。山前村在短短十几年内完成从“水窟塘”到“幸福村”的涅槃，“两委”班子的基础性作用有目共睹。为解决区域发展不协调的问题，山前村积极发挥党建联盟“两代表一委员”和省级“兴村（治社）名师”的“领头雁”作用，共建携手，矢力齐心为实现共同富裕建言献策。在以“传帮带”为核心的“跟班实训法”实施下，山后村的年轻干部跟随山前村优秀基层干部的脚印，通过“面对面”“手把手”的全方位学习，成功带领山后村集体经济收入实现新突破。从年村集体收入不到50万元的“薄弱村”发展为经济收入达400多万元的“活力村”，山后村是山前村结对帮带制度运行下的实践典范。强弱帮扶，班子接力，乡村振兴与共同富裕的美好愿景在携手共建中代代相承。

### （四）因地制宜，集体经济焕村貌

一是特色产业谋发展。从“弱村”转“强村”，关键就在于定位精准，抓住机遇，乘势追击。过去，山前村集体经济基础薄弱，有近2/3的村民就塑料日用品、服装帽业行业从事个体加工制造。给空白的村集体经济画上第一笔的，是山前村菜市场的成功兴办。办菜市场，收租金，打“地基”。紧接着，依托紧邻交通运输线路的区位优势，山前村抓住黄岩华东汽摩城的搬迁机遇，一次性引进3家汽车4S店，用活闲置土地资源，收取达220多万元且每年递增3.5%的年租金。村内托运站、菜市场的兴建，年租金收入近80万元，集体经济年增收300多万元。大笔租金如“活水”灌溉，唤醒了山前村原本贫瘠的集体经济。立足“建物业、办实体，抓转型、促发展”的发展思路，山前村抓牢塑料日用品加工、服装帽业制造、物流基地、汽车4S店四大产业，促进集体经济年年突破，推动乡村风貌日日出新，实现“幸福村”的蓬勃发展。

二是小微园区促蝶变。依托于南城街道模塑、物流等区位特点，山前村将荒地劣势转为经济优势，通过跑银行、借贷款，共投入3.2亿元建设67亩的小微园区，集聚众多企业，形成良好上下游带动效应。园内建设新乡贤创业基地，以2 800万元乡贤“带富基金”的设立，吸引16

家乡贤企业回流，辐射片区提供500余个就业岗位，共资助慰问60周岁以上老年人350多人。资源共享，村企融合，业态出新，2021年园区产值突破2.5亿元。此外，山前村与园内企业的双向互助，赋能发展可持续。担好“管家”责任，山前村不断提供智慧招商、活动资讯、产业服务、企业展示、生活便利等全链条式服务，解决企业发展的后顾之忧；搭建沟通金融机构的交流平台，驱散信息不对称的“雾霭”，破除小微企业担保难、贷款难的发展困境，为村级集体经济不断“造血”“输氧”。

## （五）需求导向，公共服务提村质

一是制度惠民。多年来，山前村坚决落实制度化、民主化的基层治理模式，以“村账笔笔清、村事件件议、村务人人明”工作、党员干部道德诚信引领工程、村干部任期履诺考评管理等建设不断健全基层社会治理的法治、自治、德治水平。“邻里话访”工程的推进、“村民议事廊”的建设，进一步扩大村级民主张力、村民参与活力，推动实现管理高效、群众满意的和谐图景。

二是文化乐民。深入群众的精神文明创建活动为乡村振兴注入文化动能。山前村举办多项文化活动，以土屿元宵节、“村晚”、农民丰收节晚会等文艺项目传承本土传统文化；以建设保存县委机关旧址，发挥爱国主义基地功能赓续红色文化；以廉心馆、家训墙、家风故事展示弘扬家风文化；以乡贤堂建立涵养乡贤文化。通过挖掘特色文化底蕴，山前村推动优秀文化互融并进。

三是治理为民。山前村积极改善村级就医条件，全村新型农村合作医疗（以下简称新农合）参保率达100%。村内建设南城街道居家养老服务中心，解决大龄老人居家无人照料的窘境，免费为老人提供两餐、开展各类文娱活动等，丰富老人日常生活，真正实现老有所养、老有所乐。此外，村“两委”出资解决村里学龄儿童托管问题，破解无力平衡“赚票子”与“养孩子”的难题，解决“内顾”之患，为村民托起“稳稳的幸福”。同时，有效推进垃圾分类工作，开展宣传教育活动，摆脱“脏乱差”的人居环境。数字化改革也为山前村点亮新动能，“家门口”

政务服务网延伸数据触角，实现“办事零距离，最多跑一次”；幸福山前数字化平台全方位覆盖乡村规划、经营、环境、服务等多角度，推动区域管理一体化；区内首个村级智能综治指挥中心，关联全村监控、智能消防检测点，做到危机预警“可视化”，实现乡村治理“现代化”。

## 二、从“水窟塘”到“幸福村”蝶变的思考

共同富裕是社会主义的本质要求，是中国式现代化的重要特征，也是解决新时代中国社会主要矛盾的必然要求。山前村面对村集体经济基础薄弱，自然资源禀赋匮乏，以及村庄地势低洼易淹水，三大产业发展均受限的困境，从村庄治理着手，充分发挥村“两委”的示范带头作用和党员先锋模范作用，大力发展村集体经济，把一个普通的“水窟塘”村发展成为远近有名的“幸福村”。山前村以乡村振兴为引领推进共同富裕建设的实践是值得借鉴的。

### （一）坚持基层治理合力盘活存量资源

基层治理的关键在于将资源投入和群众需求有效匹配。山前村重视民情民意，落脚于“水窟塘”现实，以群众需求为导向规划村庄发展路径。从人居环境整治出发，推动自上而下的有限资金供给与自下而上的合理发展需要高效对接。坚持“三化十二制”① 基层治理模式，充分发挥民主参与、民主决策在基层治理的重要作用，抓牢“以人民为中心”的底层逻辑，保障群众切身利益，形成群众合力。强化党建引领，以担保贷款为起点，以干群联动为主线，山前村因地制宜整合土地、产业、人才等存量资源，发挥区位优势，最终形成基层合力、资源盘活的良好局面。

### （二）坚持集体经济大力发展长效机制

集体经济是乡村振兴的“牛鼻子”。山前村为小微园区招商引资设

① “三化”指村级组织运行规范化、村民自治法治化、村务监督民主化；“十二制”指与此相配套的十二个操作层面的制度，将村干部的权力装进了“制度的笼子”。

立开发公司，发展经营型集体经济；建立菜市场、物流基地、多家汽车4S店发展租赁型集体经济；设立新乡贤创业基地、产业型党小组发展党建型集体经济。多措并举，山前村不断激发集体经济的内生动力。通过租金和薪金的提升，以及“授人以渔”式的岗位提供与技术培训，大大拓宽就业渠道，提升村民人均收入水平。立足区位特点，依托产业优势，山前村以小微园区的建设作为集体经济发展的长效机制。产业协同，企业集聚，就业辐射，从“输血”到“造血”的转变，给山前村的可持续发展注入长效活力。

### （三）坚持数字赋能奋力点亮发展进路

乡村治理数字化与公共服务效能提升是实现中国式现代化和乡村振兴的重要方面。数字技术的应用，可以便利信息公开、网格管理等基层治理，也为推广智慧医疗、智慧文化、智慧教育、智慧就业等普惠服务奠定基础。山前村在推进“幸福山前数字化平台”“智慧政务”等硬件基础的同时，也应以“一老一小”为服务重点，在养老育幼处着力。就养老而言，除建设智慧型居家养老服务照料中心外，居家老人的安居守护也需关注，“数字鸿沟”的困境还待破解；就育幼而言，“山前云课堂中心”项目需要进一步培育发展。技术创新，成就未来乡村公共服务新飞跃；数字赋能，点亮山前村发展新进路。

# 第三篇

# 乡村旅游与未来乡村

# 横店镇：以影视发展助力共同富裕

习近平总书记指出："文化产业和旅游产业密不可分，要坚持以文塑旅、以旅彰文，推动文化和旅游融合发展，让人们在领略自然之美中感悟文化之美、陶冶心灵之美。"文化是旅游的灵魂，旅游是文化的载体，两者有着天然联系。无论是以文塑旅，还是以旅彰文，归根结底都是为了满足人民群众对高质量文化和旅游产品的新期待、新要求。横店镇曾是东阳市的贫穷小镇。改革开放以来，横店镇抓住影视文化产业发展的契机，大力发展和建设影视文化，彻底改变了横店镇的发展面貌，从一个偏僻的小村落发展为一个繁华的小城，被誉为"东方好莱坞"。目前，横店镇已经接待了将近 2 600 个剧组，横店镇电影和电视文化产业实验区的公司数量也超过了 1 100 家。横店镇成功搭建了涵盖创作、拍摄、制作、发行、交易和衍生产业的全方位电影和电视产业链。

## 一、以影视发展助力共同富裕的实践

横店镇电影和电视文化产业（以下简称横店影视产业）发展一直坚守"共创、共有、共富、共享"（"四共"）的核心价值观，"四共"理念是横店镇发展的灵魂，体现了以人为本的精神内涵，提倡共同体在先、个人在后，这种公共精神继承了中国传统的先公后私思想，也是现代文明社会所必需的公共意识、公共责任的一种体现。横店镇以影视文化产业带动人民共同富裕，以人的全面发展和社会全面进步为目标，这正是横店影视产业稳健发展和突破创新的理念基石。

### （一）打造“横店品牌文化”，推动当地文旅融合发展

横店影视产业城致力于打造独树一帜的主题文化，利用各种不同的主题引入各类影视项目的拍摄，已经成功建立了30多个大规模真实场景基地和超过130个室内高科技大型摄影工作室，涵盖了从春秋战国时期到近代，覆盖了跨越五千年的中华历史场景，并且大规模推动了影视产业园及“梦外滩”等文化项目的发展，为来访的游客提供了仿佛身处现场的观影和游程体验。通过这种方式，横店影视城成功打造了“横店品牌文化”，并正努力成为国家级文化产业示范园区，且在2022年实现营收220.64亿元、税收10.37亿元，推动当地文化旅游进一步融合发展。凭借其深厚的文化积淀和独特的“历史环境”，横店影视城被赞誉为国家5A级旅游景区，这极大地促进了当地的旅游业，也为当地居民提供了更多增收的机会。

### （二）提供更多就业选择，促进就业机会多元化

横店集团成功引领了超过1 500家影视公司，如博纳影业、华谊兄弟和正午阳光等，充分发挥了自身影视城的独特优势。横店镇年均吸引400个剧组，占全国电影的1/4、电视剧的1/3以及古装剧的2/3的拍摄。因此，横店影视城在全国影视文化产业的集中度名列前茅。通过影视行业的繁荣，横店镇成功地吸引了126 000余名电影铁杆粉丝以及顶级的影视匠人和追梦演员，激发了当地工作场所的多元化，扩大了电影与旅游的联动效应，刺激了当地的餐饮住宿、商业服务等第三产业的茁壮成长，为当地居民创造了更多增加收入的新途径，因此，横店镇对居民就业率达到100%的目标充满了信心。

### （三）带动相关产业发展，携手打造横店共富圈

自横店影视城在2020年被选为浙江省首批未来景区改革实验基地以来，横店影视产业区一直坚守“镇区化、全域化”发展之路，持续全方

位进行城镇美化工程、城镇设施改善、乡村美学建设和共享农田的创建等项目，致力于突破横店镇之前的景区空间限制，打造可以内外共通、开放的全域旅游新模式，全力发展国内首个沉浸式影视旅游度假区。目前，横店拥有各种酒店、民宿超过 1 500 家，农户房屋租金年收益达到了 4. 38 亿元，真正做到了从传统观光旅游地到集观光、休闲、深度体验于一体的综合旅游地的转变，促进了当地旅游业的快速繁荣，也提高了当地居民的收入和经济增速。同时，横店影视城的成功建设和发展，为当地文化创意产业提供了充足的资源和创作灵感。近年来，横店镇的周边涌现了大量的文化创意企业，如影视文化展览、创意工作室、手工艺坊等，它们借助横店影视城的文化影响力和创造力以及横店影视城的大力支持，对艺术文化进行深入的研究和改造，为当地的第三产业带来新的增长点。此外，影视拍摄需要大量的配套服务，包括摄影器材租赁、化妆师、道具制作等。横店影视城的发展为这些配套服务提供了市场，相关企业能够受益于影视产业的繁荣，从而进一步发展。同时，影视作品的拍摄需要大量的演员和背景群众，这也为演艺经纪公司和培训机构提供了更多的业务机会。

## 二、以影视发展助力共同富裕的启示

横店影视产业的发展，不仅吸引了大量剧组入驻拍摄，还吸纳了新的民营资本和电视制作者。目前，在横店镇拍摄的剧组数量持续增长，与此同时，在许多具有巨大发展潜力的与影视文化行业相关的科技创新公司也在蓬勃发展。横店镇在政策与市场的引领下，正走向一条科技、文化并举的发展新道路。

### （一）坚持将实体经济作为实现共同富裕的立身之本

横店镇位于改革开放先行地的浙江省，坚持将实体经济作为自己的立身之本。自横店影视城创立之初，横店镇政府投入了大量的资金，注入了大量心血，始终坚守实体经济，与横店政府、当地居民共同努力，成功将横店影视城打造成为国家5A级景区，构建了横店共同富裕圈，带领居民走向共同富裕。

## （二）坚持将“四共”理念作为实现共同富裕的根本遵循

横店集团主张了“社团所有制”的概念，其核心理念是共同创建、共享所有权、共享财富、共享收益。横店人始终将“四共”理念牢记于心。横店影视城在繁荣发展的同时不忘带动共同富裕，坚持以“镇区景区化、景区全域化”为发展目标，统筹推进城镇环境美化、城镇配套完善、美丽乡村建设、共享田园打造等工作，推动横店镇突破景区空间界限，构建内外联动、共筑开放的全域旅游新格局，建造一个以横店影视城为中心的文化旅游集聚地吸引游客，带动了当地旅游业的发展，为居民增收拓宽了渠道。另外，横店影视城也坚持共享、共有思想，多次与国内外优秀影视企业、剧组进行合作，将横店优秀的摄影技术、场景等共享并吸收国内外优秀技术和文化创意，同时也以影视方式传播了中国传统文化，增强民族文化认同感。

## （三）坚持将党组织和政府的领导作为实现共同富裕的前提保障

在横店影视城漫长的发展过程中，党组织起到了组织领导、指导引导和凝聚力量的关键作用。在横店影视城创立之初，由于国内影视文化环境的影响和政策的限制，影视城的发展出现了许多困难。横店镇各级党委、政府全力支持和引领横店影视城与横店集团的发展，出台一系列文化扶植政策和招商引资优惠政策，帮助横店影视城克服困难，快速发展，使其担负起横店经济发展“领头雁”作用的同时，更好地带动东阳市城乡的共同富裕。

## （四）坚持将产业细化梯度配置作为实现共同富裕的重要途径

横店影视产业坚持将产业细分化，涵盖影视产业的各个环节。影视产业大致分为六个部分，包括影片创意和剧本创作、影片拍摄制作、后期制作、影片发行和放映、宣传和推广、观众观影和反馈，由此形成了一个完整的产业链。在这六个部分中影片创意和剧本创作、影片拍摄制作属于上游，后期制作属于中游，影片发行和放映、宣传和推广、观众观影和反馈属于下游，即产业链被分为上游、中游和下游三个部分，形成梯度配置。这一做法使横店镇影视文化的制作和宣传能有序进行，产业各个部分也可以更好地进行合作和对接，更有利于优秀影视作品的制作。

# 丰义村：以发展乡村旅游促进乡村振兴

近年来，海盐县丰义村认真贯彻“绿水青山就是金山银山”理念，落实建设高质量共同富裕示范区，通过挖掘整合自然历史人文资源，全面规划推进美丽乡村建设，不断提升改善基础设施配套，积极治理环境污染，由原先的“一村矿石半村灰”的采石矿业村成功转型为“一村绿意半村水”的绿色文旅村。丰义村因地制宜，积极吸纳社会资本，整合财政资源，以“绿水青山，大美丰义”为主题，以提升片区环境、弘扬丰义村自然特色名片以及品质休闲体验为建设目标，在废弃矿区之上打造了“矿坑月湖”“沙洲观鹭”“山居问茶”等“丰义八景”，规划了一个以复合型体验为核心动能的高品质休闲文旅圈，树立起极高辨识度的乡旅品牌，走出了一条高层次、宽领域、有特色的农民致富与农村建设之路，先后获得国家森林乡村、全国乡村治理示范村、浙江省新时代美丽乡村精品村等荣誉称号。2022 年，丰义村游客接待量达 70 万人次，实现旅游创收 2 600 余万元，并吸引 12 家主体开发经营，预计每年为村集体增加 120 余万元物业收入。

## 一、发展乡村旅游的主要做法

丰义村位于海盐县通元镇，曾是著名的石料开采区。丰义村统筹规划，合理布局，积极整合资源，扩宽资金渠道，借助外来“活水”，将历史遗弃的矿区与年久失修的历史遗迹修复改善，变废为宝。如今通过腾退采石场，借助其优越地理位置与便捷区域交通，融合当地丰富历史与人文资源，完善基础配套设施，大力发展旅游业，打造乡村振兴典范。

## （一）环境治理，助力乡村绿色发展

生态文明建设是乡村现代化建设重要一环。先前丰义村采石场遍地，村里最多的时候开办了 11 家石料厂，有 1 000 多名村民从事石料加工，不科学、不合理的采矿作业导致严重的环境污染问题，山体裸露、矿区塌陷，严重阻碍村经济可持续发展。丰义村统筹规划，优化土地开发格局，全面促进资源节约，加强生态保护力度，探索了一条在发展中保护、在保护中发展的绿色发展之路。一是系统性恢复治理乡村生态，2006 年起逐步关停矿场，腾退“低小散”企业，恢复重建被破坏植被，对历史遗留的老旧矿坑开展全面生态修复，扩宽乡村发展空间，推动乡旅产业发展，树立生态改造典范，先后在老矿区成功打造山前乐郊休闲农业园、湖羊文化产业园等 12 个项目，吸纳社会投资近 4 000 万元。二是因地制宜，发挥自然资源优势，对村中老宅、矿区、荒地进行景区化改造，以月湖为中心，向周边地区辐射，整合当地人文自然资源，融合特有的江南水乡风貌以及月湖景区的自然风貌，植入月湖游船、路亚垂钓等有品质的休闲游玩项目，构造高质量区域性文旅综合体。三是整治村貌，推动以人为核心的乡村现代化改革，通过农村土地综合整治，将散落于全村域的村民集中安置，将七成农民迁入城乡一体新社区，有序推进“三改一拆”①、“四边三化”②、“五水共治”及优美庭院、村庄整治等工作，改善了丰义村域整体的环境面貌和人居环境，有效降低污染治理成本，极大提升了村民生活质量，推动区域性协调发展。

## （二）业态创新，实现区域综合发展

丰义村凭借其优美自然景观，紧握自然资源优势，着手布点集体优

① “三改一拆”指浙江省政府决定，自 2013 年至 2015 年在全省深入开展旧住宅区、旧厂区、城中村改造和拆除违法建筑（简称“三改一拆”）三年行动。

② “四边三化”行动指浙江省委、省政府提出的，在公路边、铁路边、河边、山边等区域开展洁化、绿化、美化行动。

质资产，通过改、建、租等组合拳，盘活投资建设资金，厚植乡村产业，壮大集体经济，规范乡村物业出租细则，借助多方渠道平台，让村中“沉睡资产”转化为“共富活水”，为建设现代化乡村注入“活水”。一是与外地公司强强联手，以“外来活水”撬动乡村经济，实现乡村“老破小”“腾笼换鸟”，丰义村与浙江联众集团合作，共同投入4 000万元资金，对村里“两新”① 搬迁后的15幢闲置民房进行保护性开发利用，将其打造成嘉兴地区首个共享田园康养社区，为乡村居民与外来养老者提供休闲、健康、调养一体化服务。二是统筹规划乡村产业开发，完善乡旅配套设施建设，对靠近景区的腾退厂房进行统一改造，开发月湖商业区，先后吸引12家主体开发经营，商业街区、研学基地、休闲农庄等文旅配套项目相继落地，补全旅游基础设施，预计商户物业租金每年为村集体增收120余万元。三是引入外来资本，招商引资，借助多方渠道资金共同打造优质民宿、商务、餐饮乡村旅游综合体，以市场需求为导向，扩大旅游知名度与影响力，将原有工厂、农村小学和原村委办公建筑租赁给外地公司，外地公司将其改建成丰义星院、木心居等特色民宿，以物业出租、土地出让、村民入股、连带推销等多样化手段，实现资源变资产、资金变股金、农民变股东的农村发展致富模式。此外，丰义村打造了嘉兴首家沉浸式室内萌宠乐园，以及开办多家具有田园特色的咖啡店、茶馆等餐饮商业设施，确保游客愿意来、待得住、能消费，促进三次产业融合，打造乡村振兴典范。

### （三）文化挖掘，塑造优质乡旅品牌

丰义村立足未来乡村样板建设总体规划，以文化为产业赋能，积极挖掘乡村文化内涵，开发文创产品，举办文化活动，力求树立优质乡旅品牌，厚植产业基础，从自身优势出发，打造特色文旅模式。一是充分挖掘整合自然历史人文资源，围绕“丰义寻趣”之“乡趣、童趣、雅趣、食趣”主题，结合丰义村独有的自然资源与深厚的乡村历史，打造

① “两新”指现代新市镇和城乡一体新社区（简称新市镇和新社区）建设工程。

了“矿坑月湖、丰山探幽、沙洲观鹭、埭前晚居、山前赏樱、山居问茶”等特色景点，不断提升改善基础设施配套水平和环境面貌，做到景区建设规范化、亲民化、自然化，树立鲜明的乡村风格与优质品牌。二是立足农业农村特色，建设区域化、多样化、特色化的文旅项目，推动民宿度假、四季采摘、田园康养、研学体验等新兴农村文旅产业蓬勃发展。丰义村以提升片区环境、弘扬丰义村自然特色名片以及品质休闲体验为建设目标，先后建成智慧茶园、农耕实践基地、文创培育基地，成功孵化了艾文化产业园、灶头画展示馆、山前乐郊本草园、联丰林场、兰丰茶文化馆等诸多极具特色的乡旅项目，做到农业与旅游融合、文化与景色融合，丰富美丽乡村建设的文化内涵。三是举办乡村风情文娱节目，吸引游客消费游玩，2020 年起，丰义村先后举办长三角“茶香丰义”茶艺师技能邀请赛、农村文化礼堂运动会太极拳预选赛、美丽乡村音乐艺术节，获得大量媒体关注，加强了乡村文旅产业的传播影响力。

## （四）村民智治，推动精神文明建设

丰义村坚持以人为本的乡村发展理念，以人本化、数字化、普民化为发展方向，以提升村级文化建设水平为着力点，打造基层智治系统，研究乡村管理制度，落实文化建设，涵养文明乡风，提升村民的参与感、满足感、幸福感，推动精神文明建设。一是落实以“五星达标，A 级创建”为载体的党建引领乡村振兴战略，通过党建星、美丽星、富裕星、文明星、和谐星“五星”量化评级考核，对乡村经济、环保、治安、道德等多方位、多维度进行改造，让群众参与美丽乡村建设，发挥关键作用。二是充分利用公共服务设施，腾退破旧厂房，打造集会议、活动、娱乐、展览等功能于一体的丰义文化大礼堂，宣传新理念、新政策，采取寓教于乐的方式，将枯燥的“理论说教”变成有趣的“唠嗑谈心”，实现物质富裕与精神富有。

## 二、发展乡村旅游取得的成效

丰义村大力发展乡村旅游，壮大集体经济，促进产业融合与区域综合发展，实现村民收入增长与村集体共同致富，优秀传统乡风深入人心，成功将丰义村打造成为生态宜居的和美乡村。

### （一）村集体村民收入增加

乡美共富，集体和村民的口袋鼓起来是重中之重，丰义村经过一系列农综改革，巩固壮大集体经济，促进农民收入增长，取得了耀眼的成绩。2018 年至 2022 年，丰义村集体收入由 225.82 万元增长至 529.64 万元，同比增长 135%，其中增长最显著的物业租赁收入由 39.41 万元增长至 213.8 万元，同比增长 445%；村集体分红收入由 15 万元增长至 39 万元，同比增长 160%。伴随着丰义村文旅产业发展，新增多个岗位如安保、服务员、厨师、前台、保洁等，推动了村民就业，景区内超过 60% 的员工都是本村村民，实现了村民在“家门口”就业的美好愿景，充分带动农村富余劳动力就业。村集体合理经营业态，推动村集体经济发展，村民人均收入由 2018 年的31 030元增长至 2022 年的 45 929 元，实现了“村富带动民富，村民共同致富”。丰义村统筹规划产业布局，引进先进农业技术，谋划高质量发展模式，树立农村转型致富的典范。

### （二）文化旅游产业集聚

丰义村结合自身农业农村特色，与浙江联众文旅集团股份有限公司合作，借助专业力量充分挖掘和整合利用丰义村的自然文化资源，统筹谋划一二三产业融合，在海盐县丰义牧业有限责任公司和海盐县通元镇联丰林场建立“红创空间”，梳理“乡愁文化”、现代农业项目、农产品深加工、农耕民俗活动创业项目，打造了丰义智慧茶园、文创培育基地、艾文化产业园、山前乐郊本草园、联丰林场等优质产业园区，优化改造乡村传统产业，提升文旅产业经济效益，加速数字化、标准化、效益最大化的文旅产业区域构建。此外，丰义村依托党群扶助，采用贴息、减息等方式助力党员做好示范引领和帮带群众共同创业，协助村集体筹建休闲养生、餐饮民宿、特产展销等旅游项目业态，实现“文旅集聚产业，产业支撑文旅”。2022 年，丰义村游客接待量达 70 万人次，实现旅游收入 2 600 万元，获得海盐县 3A 级景区村庄综合评分第一名。

### （三）民生设施配套完善

丰义村为建设宜居宜业和美乡村，加大民生基础设施服务投入，整治生态环境面貌，改善村民人居环境，实现村民共享品质生活。首先，构建了乡村卫生文明服务管理体系，建立农村垃圾收集处理、道路管护、河道保洁等长效管理机制；乡村道路实施常态化管理，分路段管理督察，保持乡村道路美化、亮化、绿化、净化；大力开展农村卫生厕所建设，先后建立公厕 6 座，配备专人对公厕做好日常保洁。其次，丰义村全面实现垃圾集中无害化处理模式，垃圾集中无害化处理率达 100%，工业企业全面实现污水入网，严格落实了卫生保洁、绿化美化、环境保护的长效管理机制。2018—2022 年，丰义村在美丽乡村建设方面财政投入累计高达 1 206 万元，其中园林景观设计施工、民宿项目建设、道路建设的费用分别达到 767 万元、207 万元、106 万元，占比分别为 64%、17%、9%。通过村集体统筹规划、合理财政投入、全民治理监察一系列组合拳，村域人居环境的改善带动了农民素质和生活水平的提高，促进美丽乡村建设成果全民共享。

### （四）民风党建深入人心

丰义村贯彻以人为本的乡村治理宗旨，让“德治润人心”开创新风，做好丰义村文化建设，树立乡村文明新风，村民素质明显提高，村容村貌得到改善。丰义村将创建“优美庭院”与助力“美丽乡村”相结合，创建文明家庭与寻找最美家庭相结合，最大限度地调动广大群众参与建设的积极性和主动性，形成全村上下联动、齐心协力、人人参与创建美丽乡村建设的良好氛围。牢抓民生前沿阵地多元化建设，成立丰义村综治工作站，集矛盾纠纷调解、心理健康咨询、网络安全监督多功能于一体，围绕“平安丰义”常态化建设；构建民生服务志愿团，落实“1＋X”暖心帮扶机制，经常性帮扶对接老党员、独居老人、残疾人士，走访慰问困难户，为他们送去温暖。落实基层党建工作，村中党员组成“党小组之家”夯实“微阵地”，举办党员志愿服务“微公益”，与村民联户实施“微关爱”，村中争做“微榜样”，着力打造乡村特色党建。

## 三、发展乡村旅游的启示

丰义村摆脱挖矿采石带来的生态破坏，坚持绿色发展经营理念，因地制宜，延长扩展旅游产业链，完善旅游基础设施，以文旅产业反哺民生设施，促进农村经济社会全面进步、协调发展。丰义村的实践，创新了乡村文旅发展模式，提供了良好的经验和启示。

### （一）绿色经营理念，打造生态乡村

在建设美丽乡村过程中，要摒弃粗放的经济发展方式，坚持绿色发展经营理念，以良好的生态环境增强乡村吸引力。在环境治理方面，积极推进农村改厕、生活垃圾处理和污水治理，实施河湖水综合整治，改善农村人居环境和生活品质，实现道路硬化亮化、水源净化、环境美化，厚植乡村发展优势，夯实乡村发展基础，打造生态美丽乡村。

### （二）发挥资源优势，推动产业发展

丰义村具有丰富的自然与人文资源，具有发展生态旅游的先天优势。各地应因地制宜，将生态资源优势转化为生态产业优势，立足区域生态资源禀赋，依托山水田园等自然风光，探索“生态＋文旅”模式，培育集农俗体验、休闲观光、研学旅行、亲子互动和文化体验于一体的生态旅游新业态，打造乡村生态旅游品牌，擦亮乡村旅游新名片。

### （三）政策倾斜支持，创新发展模式

丰义村完美转型，离不开农综改革不断深入推进，构建党建引领治理新平台，实现乡村现代化治理。通过政策倾斜支持，创新乡村发展模式，改造村集体闲置资产，与外地公司强强联手，以“外来活水”撬动乡村经济，让村中“沉睡资产”转化为“共富活水”，为建设现代化乡村注入“活水”。

### （四）党员带头引领，传播优秀乡风

共同富裕是物质生活与精神生活的全面富裕，共同富裕离不开人民群众的精神富裕，在乡村精神文明建设路上，党员作为乡村建设与文化阵地上的“领头羊”，具有带头引领作用，积极发挥自身示范作用，激发村民参与建设和美乡村的积极性与主动性。乡村建设过程中要坚持以文化凝聚人心，传播弘扬传统优秀家风，更好地留住乡愁、乡风、乡韵。统筹规划农村党建文化网格，深入推进乡村精神文明建设工程，加强文化服务阵地，对实现乡村振兴具有重要意义。

# 白杨村：农旅融合助力打造特色乡村品牌

共同富裕是社会主义的本质要求，是中国式现代化的重要特征，要坚持以人民为中心的发展思想，在高质量发展中促进共同富裕。白杨村位于安吉县孝丰镇北端，过去受交通区位和地理资源局限，村庄发展相对滞后。近年来，白杨村积极落实“绿水青山就是金山银山”的发展理念，将生态优势转化为发展优势，将本土化、原生态放在发展首位，以休闲文旅为产业核心，培育新经济、新业态，推动产业迭代升级，打造精品民宿、露营地、特色餐饮等多元化业态，促进一二三产业融合，利用自然、历史、文化、产业资源，通过差异化定位，打造“春风·白杨”乡村旅游品牌，走出了一条独具特色的乡村品牌化经营之路。白杨村通过整合农村资源，吸纳社会资本，组建成立强村公司，由村集体直接投资建设、管理、运营，实现资源变资产、资金变股金、农民变股东，推进农业农村现代化，助力共同富裕，推动乡村振兴。2022 年村集体经营性收入为 366 万元，村民人均收入为 4.7 万元，先后获得浙江省善治示范村、中国美丽乡村精品村等称号。

## 一、农旅融合打造特色乡村品牌的实践

白杨村生态环境优美，自然景观出众，地理区位优越，蕴藏丰富文旅资源。白杨村村委创新乡村旅游模式，整合优质资源，打造特色品牌，科学规划，合理布局，成功将资源优势转化为发展优势。乡贤、党员干

部与广大村民携手，共同走出一条因地制宜的乡村振兴之路。

### （一）创新旅游业态，制订科学发展规划

白杨村深挖自然人文资源优势，厚植乡村文化旅游新业态，以规划为引领，制订科学合理的村庄规划、产业规划，对乡村发展作出明确定位，白杨村将本土化、原生态放在发展首位，以乡村文旅为产业核心，构造多产业协同发展新平台。一是统一谋划。借助“微改造、精提升”行动，整合村集体闲置资产，实施改、建、租等一系列组合拳，建立起全新游客接待中心和春风餐厅，将村中闲置民居、农田、采摘园等纳入统一设计和规划，制定差异化、个性化的文旅服务，避免同质化和“内卷式”发展。二是文化赋能。以文化为产业赋能，扩展乡村传统产业，将乡村优秀传统文化转变为关键变量，深耕“旅游＋民宿”和“旅游＋研学”，将休闲养生、旅游住宿、亲子研学、农耕体验等文旅项目打包，实现传统乡村与生态资源的价值“变现”。三是强化合作。与多方合作，借助“外来活水”，撬动乡村资源，盘活“沉睡资产”，如白杨村与傲朗企业管理顾问（上海）有限公司、苏州核舟企业管理咨询有限公司等专业团队合作，推出以农业、美学等为主题的多个研学旅游项目；邀请专业设计团队，开发打造新兴的帐篷露营和野奢型的搬家露营等。

### （二）整合资源优势，打造特色旅游品牌

绿水青山如何转化成为金山银山，需要突出特点、发挥优势，将乡村各种资源合理配置。白杨村因地制宜，集聚优势资源，将村中特有资源要素进行整合，打造特色乡村品牌“春风·白杨”，实现乡村项目品牌化经营，打造高质量、生态化、多元化的区域性乡村旅游综合体。一是打造农旅景观。依托优质生态资源，以乡村空间为载体，积极推广自然农法种植作物，将 300 亩流转的农田免费派发给村民进行自然种植，打造成优美乡村梯田景观。二是树立特色品牌。以市场为导向，围绕白杨村优美自然景观，融合精品民宿、露营地、特色餐饮和农业等多元化业态，打造“春风·白杨”乡村振兴品牌，促进品牌影响覆盖范围扩

大、价值提升。白杨村的民宿、露营等业态定位于中高端消费群体，坚持高标准规划设计建设，投资3 000万元建设高端民宿，吸引杭州、上海、苏州等地游客；投资1 600万元建设露营基地，预计每年增加旅游收入500万元；对村集体闲置资源多元化利用，筹资开办了春风餐厅，负责白杨村游客的餐饮接待，统一收购村民家富余蔬菜和家禽，实现整体业态闭环。

### （三）创办强村公司，统一经营高效管理

白杨村为加强品牌建设，提高经营效率，成立强村富民全资子公司——安吉白兰坞农林开发有限公司（以下简称白兰坞公司），邀请专业运营团队进行管理和运营，村委不参与具体经营，打造“旅游＋N”运营模式，包括生态农业、高端民宿、青少年研学等。在经营过程中，白兰坞公司针对多种情况，采取灵活多样的经营管理办法，分为3种模式：一是参与经营。白兰坞公司引进社会投资，由白兰坞公司参与管理、服务、收费等，按年度收取管理费用。二是入股经营。以村土地使用权入股，与社会资本形成合作，每年获得盈利分红与物业租金。三是独立经营。村集体直接投资项目，由白兰坞公司投入建设、管理、运营。白杨村由村集体主导的运营主体，保证乡村旅游项目运营管理的高效率、透明化与可持续性，让村民共享乡村旅游经济的利益，带动村民收入增长。

### （四）聚焦基础设施，积极构建共享经济

白杨村大力提升基础设施品质，优化产业结构，增强旅游效益，形成“以旅游支撑产业，以产业反哺民生”的良性循环。白杨村根据定位需要，为品牌落地提供配套设施，避免盲目投入和浪费。目前，白杨村拥有在建项目有15个，总投资1 600万元，涉及山水林田湖草项目、社会福利站建设、安置区建设，还有彩色森林与五彩共富路的建设等，在原有民生设施基础上融入商业元素，游客接待中心增加了商业功能，老年活动中心变身民宿，实现产业升级融合；主导“春风·白杨”共享庭院项目，对白杨村内20余户人家的庭院进行改造提升，打造成公共烤火

区、乘凉区、共享菜园等共享区域，增加邻里共享空间，由博时公司统一管理服务，切实做到共建、共享、共富；白杨村建成专门为60岁以上的单身老人准备的幸福公寓，将入住单身老人的宅基地收储至村集体，无偿为老人提供餐饮住宿和健康管理服务，通过村集体将宅基地的使用权利益最大化，结合地理位置用于精品民宿的合作，落实保障单身老人的养老生活需求，增加了村集体固定资产和经营性收入；白杨村投资打造"春风幼儿园"，将幼儿园设计成教学、研学"两用"的培训基地，在假期承接夏冬令营、小长假游深度研学和成人团建，以及其他各种需要场地住宿的集体活动，有效提高公共资源利用率，实现资源共享。

### （五）干部乡贤引领，做大做强集体经济

乡贤是新时代农村基层社会中的重要参与者，具备了贡献乡村治理力量、引领村民共富的全新内涵，白杨村村干部与优秀乡贤，凭借其专业知识技能与市场经验，投入美丽乡村建设与村民共同致富之中。村委班子以公司经营理念打造"春风·白杨"乡村旅游品牌，收购福华拉丝厂，依托"两库引水"项目流转40亩土地，并在这些项目中融入商业经营，以品牌效应吸引众多文旅、住宿、研学等优质项目入驻，赋予其市场化功能。党员村干部联合乡贤带头引领美丽乡村建设，为新乡贤发挥作用搭建平台、参与乡村治理提供有序的通道，完善乡村旅游经营，将散落的乡村资源集聚在品牌建设经营，发挥乡村资源的潜在价值，增加村集体收入。

## 二、农旅融合打造特色乡村品牌取得的成效

白杨村积极推进乡村旅游新业态，促进产业融合，壮大集体经济。白杨村充分发挥资源优势，打造宜居和美乡村，乡土文化赋能文旅产业，把绿水青山转化成为金山银山，实现了村民增收、村集体致富、乡村产业多元化与可持续化的良好发展，在推动乡村振兴、共同富裕之路取得良好的实效。

## （一）村集体村民收入增加

在实施乡村振兴，建设美丽乡村的背景下，白杨村围绕“春风·白杨”乡村旅游品牌建设，形成了既具有市场竞争力又能可持续发展的乡村产业体系，整合乡村优质资源，极大促进村集体与村民收入增加。从2019年至2021年，白杨村村集体经营性收入从30万元增长至150万元，农民年人均纯收入从3.7万元提高至4.5万元，实现村集体增收和村民致富。同时，白杨村与社会资本深入合作，盘活投资资金，聚焦公共设施建设，从2019年至2022年，白杨村的固定资产由336万元增长至1 056万元，激发乡村发展内生动力。

## （二）乡村旅游品牌效益凸显

白杨村打造乡村整体品牌“春风·白杨”，盘活乡村优势资源，在传统产业植入商业基因，依据市场定位需要，提高配套基础设施，实施品牌化经营。在生态农业方面，白杨村推广自然农法种植作物，将种植的绿色农产品进行统一销售，申请注册商标，打响绿色农产品品牌，创建农民利益联结机制，共享乡村品牌经济红利。在乡村旅游方面，为村里设计了品牌名、LOGO，落地到餐厅、酒店、产品、道路节点，借助“春风·白杨”品牌定位，积极吸纳社会资本，创立强村公司白兰坞公司，先后带动300万元以上的社会投资项目4个，总投资达6 900万元。白杨村品牌化经营，拓宽乡村致富之路，增强农村建设的实力与活力，实现乡村资源再认识、再放大、再增值。

## （三）乡村经营模式向外推广

白杨村采取乡村品牌化经营模式，发掘乡村资源的潜在价值，成功将发展成果转接到其他乡村，证明经营模式的可行性、可持续性与可复制性。白杨村的白兰坞公司与孝丰镇五村联创的五谷丰登实业有限公司合作，承接五谷丰登荷马营地项目后期运营；联合Gogogo户外品牌投资，结合金鸡岭山顶150亩石矿地块原生态景观，打造了江浙沪独一无二的“春风366”野奢营地等。

### （四）乡村特色产业多元融合

白杨村依托优美自然资源优势，充分发挥财政投入撬动作用，扩展多元资金通道，借助外力培育发展特色民宿，将乡村旅游、休闲度假、农俗体验、现代农业、研学活动等业态完美融合，深耕“旅游+民宿”和“旅游+研学”新模式，从单一的乡村旅游观光向多元的乡村文旅产业转变，推动农村产业融合。白杨村建造花瓣状主体建筑春风乐园，承接外地夏冬令营、假期研学与公司团建活动；整合乡村闲置资源，改造老旧仓库，打造春风餐厅用于接待白杨村游客等。白杨村各产业在共富之路上开花结果，实现由“空心村”向“网红村”的华丽转变，为乡村振兴注入新动力。

## 三、农旅融合打造特色乡村品牌的启示

全面实施乡村振兴，产业是基础，人才是保障。白杨村统筹规划，因地制宜，完善设施，营造良好的乡村旅游品牌，走出了一条高质量、科学化与绿色化的乡村发展之路，对推动乡村振兴有启发作用。

### （一）重视统筹规划，坚持绿色发展之路

要实现乡村可持续发展，必须系统谋划、合理布局。白杨村集中整合乡村资源，坚持绿色发展路线，发挥生态资源优势，精准把握乡村定位，打造生态宜居的绿色乡村，做好生态文明建设，实现生态环境“变现”。在推进和美乡村、绿色乡村建设过程中，做到绿色乡村、多彩田园和谐发展，开展农村人居环境整治，积极调动村民参与乡村旅游开发、美丽乡村建设的积极性与主动性，共同助力乡村振兴。

### （二）加快整合资源，打造特色乡村品牌

白杨村打造特有乡村品牌“春风·白杨”，以品牌激发活力，项目

支撑品牌，摆脱传统发展模式，推动个体经营转向集体运营。品牌作为一种无形资产，以文化为产业赋能，发挥乡村资源的潜在价值。这需要村集体搭建乡村地名品牌平台，引导企业、社会组织等社会力量广泛关注和积极参与，以汇聚起技术、智力、经济、文化等资源优势，共同形成乡村振兴的有生力量。要积极提高产品影响力、竞争力，因地制宜打造特色乡村文旅品牌，提高产品品质，树立良好形象，让良好的品牌形象成为实施乡村振兴的新动能。

### （三）发挥乡贤引领，培育发展内生动力

乡贤作为参与乡村治理的重要力量，能够为农民提供技术指导，提升农民的专业技术与素质，促进农村农业可持续发展。充分发动乡贤通过自行投资和动员群众，促进农村教育、医疗、文化服务等方面的公共服务项目落地，优化农村社会发展环境，完善乡村基础设施。白杨村吸引乡贤回归，借助乡贤在知识、技能及政策解读能力方面的优势，深入分析乡村复杂问题，保障农民的利益，有助于解决乡村发展的问题。要注重引导、善于发挥乡贤为乡村建设、发展做贡献的积极性、创造性，增强他们的内生动力，推动农村经济、社会、文化健康发展，为乡贤发挥作用搭建平台、参与乡村治理提供有序的通道。

### （四）加大政策支持，完善基础公共服务

在乡村发展过程中，财政资金与政策支持功不可没。2019—2022年，白杨村县级以上财政拨款由600万元增加至3 284万元，为乡村旅游与民生服务发展提供了重要支持，创造了良好的投资环境，公共服务覆盖多个领域，为白杨村积极健康发展提供重要条件。在乡村振兴的道路上，打造乡村治理新平台，完善乡村管理新制度，努力推进乡村现代化建设。在乡村公共服务方面，推进基础设施改造，建立城乡统一的基础设施管护运行机制，着力打造数字乡村，提升乡村信息化水平，改善农村人居环境，打造美丽乡村。

# 下南山村：多渠道助力乡村振兴

下南山村位于丽水市莲都区碧湖镇，现存清末至民国时期的民居42幢，建筑以夯土墙、木结构、小青瓦的三开间形式为主，依山而建，是浙西南土木建筑的典型，是省级历史文化保护利用重点村。然而，下南山村曾一度由于产业结构单一、人口大量流失而发展困难。近年来，下南山村在“千万工程”的带领下，为了村民更好地生产生活，实现整村搬迁，在对古村落进行保护修复的基础上积极招商引资，打造了全国首个独具古村落休闲业态的“民宿村”，古村也因此迎来复兴，创造了“下南山模式”。同时，农产品采摘、餐饮娱乐、农事节庆、民俗体验、养生度假、美术摄影等业态也发展壮大，并积极发展乡村特色事业，将资源优势转化为经济优势，带动了当地特色农产品黑炭杨梅产业的发展，推动了乡村振兴，走出了迈向农民富裕富足的一条新路子。

## 一、多渠道助力乡村振兴的主要做法

乡村振兴，既要塑形，也要铸魂。在全面推动乡村振兴的战略背景下，下南山村通过政府的政策引导，引入社会资本激活乡村潜力，强化乡村既有价值及功能，积极对古村的业态进行打造重塑，打造了乡村发展的新优势，推动了乡村的发展。

### （一）笔走龙蛇记录古文化，树立下南山“乡愁审美”

自下南山村被列入浙江省首批历史文化村落保护利用重点村起，莲都区投入了800多万元用于对古村落的抢救性修复。为了唤醒人们对乡愁的记忆，下南山村提出“乡愁审美”，既保留村庄原有纹理和浙派风貌，又进行了综合性的审美创造，使乡村和城市的不同形式的文化在这里得到了完美的碰撞和融合，帮助每一位来到下南山村的城市游客能“望得见山，看得见水，记得住乡愁”，找回他们心中的“故乡”。为了提升“颜值”、留住乡愁，下南山村邀请国外造园师参与设计，传承历史建筑和传统文化开发，保存原有风水布局，就地选材取材，结合农耕与现代庭院元素，打造“一院一品、一房一景”的乡愁记忆。

### （二）挥毫写意泼墨山水画，构筑下南山生态文化

下南山村得天独厚的气候环境为生态农业发展创造了条件。自1997年起，下南山村的村民们已经在专业人员的指导下投身于杨梅种植产业。时至今日，经过努力，曾经的荒地已经遍地是杨梅树，使下南山村成了名副其实的生态杨梅旅游村，由此衍生了下南山杨梅节，吸引了众多客商前来收购，促进了居民增收，实现了农业现代化的发展，成为当地的支柱产业之一。此外，为了给下南山杨梅提质增能，找到了数字化手段这一抓手，引入了电商直播带货、网购平台的营销模式，加上冷链物流等技术，解决了杨梅的保鲜、运输等难题，增加了下南山村杨梅的附加值。

### （三）奋笔疾书续写新篇章，挖掘下南山多元乡风

传统的农村消费业态已经不能满足游客的消费需求，只有把原本属于城市的消费业态与乡村实际相结合，才能为振兴乡村创造更多机遇。随着下南山村的古村建筑逐步还原完善，下南山村基于“古村＋众创”模式，引入资本开发，打造了全国首个古村落度假综合体——“欢庭·下南山”原生态度假村，结合自身的文化底蕴，开展南山讲堂等系列文

化产业，以独特的乡风文化吸引着众多游客。除度假休闲外，摄影写生、南山咖啡吧的奇特风韵、农家乐的新奇体验、玖层·下南山美术馆的艺术渲染等新业态的衍生为游客带来了丰富的“综合性体验”，为下南山村增添了更多的活力，带给游客别样的感受，形成下南山村的独特竞争优势。

## 二、多渠道助力乡村振兴的主要成效

下南山村从农村区域差异、乡村特色资源等实际出发，坚持多目标平衡，整体打造，同步提升物质文明与精神文明，为下南山村的蓬勃发展不断增添动力。下南山村的振兴使村民成为乡村产业发展的积极参与者和真正受益者，并过上了美好生活。

### （一）古村焕发新生机，收入渠道不断扩增

随着古村落被修复振兴，下南山村积极招商引资，创建了古村落保护性开发项目。联众集团与村民合作携手，打造了欢庭·下南山度假村项目，并与村集体签订了30年的经营权转让协议，前5年租金为每年20万元，此后每5年上浮8%，作为资源入股保底分红。分红收益由村集体与村民按三七比例分成，实现了企业、村集体和农户多方共赢的结果。下南山村度假村项目为集体经济增收近43万元，周边及本村村民就业收入达120万元。此外，农产品采摘、餐饮娱乐、农事节庆、民俗体验、养生度假、美术摄影等业态在下南山村蓬勃发展。村民不仅有了租金收入，农闲时还能在度假村工作，足不出户就能增加收入。据统计，下南山村从2016年前几乎没有集体经济，到2021年实现村集体经济总收入近60万元，其中经营性收入为31万元。

### （二）乡村发展有活力，古村更添新气象

对于乡村而言，积极探索开发乡村产业价值功能是其未来发展的重要风向标，目前下南山村的杨梅产业前景广阔，对农民增收极有助力，

更有力地推动了乡村振兴。下南山村加强对杨梅产业的经济支持力度，不断挖掘其多元价值，延伸其产业链条。除了日常销售新鲜杨梅以外，每年的六月都会开展杨梅节，线上线下同步销售，吸引各地游客。此外，对杨梅进行深度的精细加工，例如杨梅酒、杨梅干等产品，农业的效益被进一步放大，村民的积极性大大提升。紧密联合乡村资源，加强产品的更新升级，使杨梅成为下南山村独一无二的地方名片。下南山村通过直播、新媒体等加强对下南山的文旅宣传，扩大了知名度，不仅为下南山村，也为周边村庄提供了许多帮助，促进了莲都区的发展。

### （三）社区建设见成效，守望古村气象新

在乡村振兴的方针下，下南山村日渐成为百姓安居乐业、物质富裕、精神富有、和谐发展的美好家园。随着乡村旅游与生态杨梅产业的融合发展，新的下南山社区得到了发展，全新的村委综合大楼设有文化活动室、体育健身场所、会议室、医疗卫生室等，各项功能一应俱全，社区水网、电网和污水处理系统等基础设施都相当完善，下南山的村民真正通过参与乡村振兴过上了好日子，村民实现了有所养、有所依、有所乐。

## 三、多渠道助力乡村振兴的启发

聚焦乡村振兴，一定要做好经济发展的文章。为实现利长远、利未来的发展，一定要坚持在保护乡村绿色生态的基础上，大力发展绿水青山生态优势的内生性产业，深挖生态产品的价值，实现机制改革，利用乡村自身特色还原乡村古朴风貌，唤醒“乡愁”记忆。坚持遵循政府引导，合理利用投资支持，创造了更多的创新实践成果，更好地释放经济价值。

### （一）遵循政府引导，坚持党建引领

下南山村在解决农村经济难题，探寻新发展途径过程中，强化农村基层党组织的核心领导地位，并把党管农村工作原则贯穿村落复兴的各

个环节。例如最初的古村保护行动，就是从党员干部开始的，由党员大会决定，老房子、古道实行网格化管理，党员2—3人为一组在古村落设立党员责任岗，并通过村民代表大会制定村规民约。由此，下南山村确保了乡村社会充满活力，且井然有序，成功实现了“绿水青山就是金山银山”，为可持续发展打下了坚实基础。

### （二）合理运用资本，坚持共享共建

实现乡村振兴，仅靠政府的资金扶持是难以为继的，引入新的投资主体不失为良策。因此，下南山村与联众集团达成了良性合作关系，运用社会力量撬动，形成乡村振兴合力。村集体与村民按比例分成，实现企业、村集体、农户多方共赢。即便是在疫情经济低迷时期，下南山村度假村年营收也保持在平均500万元以上，更给予了企业与农户充足的合作信心。在此过程中，企业与下南山村农户形成了“责任共同体”，充分发挥了企业社会责任作用与人民群众主体作用，共享共建了一条农村发展新道路。

### （三）传承历史文脉，坚持文化赋能

在下南山村发展历程中，其始终尊重村庄的自然历史文脉，坚持“修旧如旧、建新如故”，在力所能及的范围内，保护并传承古村落历史文化，不断改善居民生活环境，提高居民生活水平，激活乡村发展资源。下南山村将独特的现代乡风元素运用于传统村落风貌之中，保护好自然生态，以杨梅文化为辅线，串联传统古村与现代产业，丰富农民的精神文化生活，不失为一种增强乡村振兴发展内生动力的方法。

### （四）增添古村魅力，坚持创新业态

传统村落作为我国历史变迁的重要见证，是我们必须传承下去的文化基因。实践证明，只有不断创新，增加各种业态，把经济价值扎根在乡村的土地上，才能让农村居民的乡土人情在这片土地上长得更加扎实茂盛。将传统村落的历史人文、传统习俗贯穿到产业发展进程中，把历

史价值转型升级成经济方式发展，传统村落才能保持生机和活力。下南山传统村落在“千万工程”的指引下，进一步优化产业开发模式，将守护和创新相结合，创造了具有现代感的新消费业态，调整产业空间布局，用市场的力量实行既有利于乡村共同富裕发展又有利于保护古村落、增添乡村风情的空间策略，才能使下南山村的文化底蕴、古村空间、创新业态实现融合共生，达到凸显村落特色、传承村落文化、促进产业可持续发展的目的。

第四篇

# 文化发展与未来乡村

# 东阳市：文化礼堂激活农村文化

“物质富足、精神富有”是共同富裕的要求，共同富裕不仅体现在物质层面，更要重视精神层面，而农村精神文明建设是共同富裕建设的难点和薄弱点。东阳市自2021年入选浙江省公共文化服务现代化先行县培育对象名单以来，逐步构建起一个政府搭台、社会参与、全民共建共享的公共文化生态圈。东阳市以省级公共文化服务现代化先行县创建为抓手，按照有标准、有网络、有内容、有人才的要求，不断健全完善乡村公共文化服务体系建设。如今已创建省级文化示范村（社区）14个、金华文化示范村59个，持续推进文化活动中心、文化广场、马生书屋等农村基础文化设施改造提升，湖溪镇酒文化馆成为浙江省首批乡村博物馆。而农村文化礼堂是东阳市重点推进、产生巨大成效的农村文化平台，成为农村精神文明建设的重要抓手，有力地推进了共同富裕建设。

## 一、农村文化建设的主要做法

### （一）完善农村基础文化设施

东阳市不断完善农村基础文化设施。公共图书馆、文化馆、博物馆、非遗展示馆、美术馆、剧院等公益性文化设施“遍地开花”，为城乡居民的精神文化生活提供了丰富选择。新规划的文化艺术中心涵盖新图书馆、新博物馆、新美术馆及其他公共文化设施，计划用地约160亩，总建筑面积约15万平方米，是东阳市投资最大的公共文化项目，建成后将成为东阳市崭新的文化地标。东阳市不断发展乡村文化服务体系。东阳市进一步统筹农业农村局、文广旅体局、团市委、妇联、文联等部门文化服务资源，实现资源利用最大化，切实加大送文化服务下乡的频次和质量，同时，以“点单”和评价机制提升群众文化需求与部门送文化服务之间的黏合度，变“单向配送”为“按需配送”，打通农村公共文化服务“最后一公里”。

### （二）搭建农村文化平台

作为基础农村文化平台，文化礼堂是夯实农村文化建设基础、培育和践行社会主义核心价值观、提升农民群众综合素质、打造农民群众共有“精神家园”的着力点。自 2013 年起，东阳市广泛开展农村文化礼堂建设，并以此为载体开展主流价值宣传、理论政策宣讲、乡土文化展示、乡风文明弘扬、文明礼仪教化、文化知识传授等活动，打造新时代农民群众的精神家园。在文化礼堂建设过程中，东阳市将在建设“门槛”上严格把关、在建设进度上严格督查、在检查验收上严格标准，让一座座文化礼堂成为“接地气、聚人气、扬正气”的文化地标。东阳市立足文化礼堂“精神家园、生态公园”的定位，持续深化礼堂的一体化建设。东阳市加强文化礼堂管理员队伍建设，制定专门的管理办法，明确工作职责，市里每年组织两次以上集中交流培训；同时，也会定期对礼堂开展分级提升改造，在礼堂展示内容、安全隐患等方面对管理员进行培训，提升其相关能力。东阳市 18 个乡镇街道均打造示范文化礼堂，再根据文化礼堂的打造、使用情况，对文化礼堂进行分档次考核，以激励鞭策文化礼堂做得更好、更有成效。引入财政资金分配竞争机制，制定农村文化礼堂建设奖补办法，围绕“一村一色”和“一堂一品”的要求，结合农村文化礼堂的建设情况，对评定为农村文化礼堂样板村、重点村、达标村实施财政奖补，对农村文化礼堂工作先进镇、乡、街道给予奖励。同时，建立专项资金划拨使用情况的反馈制度，严格管控资金用途，对不按规定使用的，将视情节缓拨（停拨）奖补资金、追回已拨奖补资金。

## （三）丰富文化活动

利用文化礼堂基层阵地，东阳市组织一系列“接地气”的文化浸润活动，将党的创新理论、文明乡风播进农民心田。东阳市开展“送戏下乡”“我们的村晚”“文化走亲”等群众文艺活动，结合党的二十大和“八八战略”等重要主题，组织谋划文艺汇演。依托“东阳马生”宣讲团定期开展宣讲活动，围绕习近平新时代中国特色社会主义思想、社会主义核心价值观、乡村振兴、党的二十大精神、“八八战略”等内容，用东阳方言、家常话讲出“大道理”。另外，东阳市还举办礼仪活动，大力弘扬孝文化。在传统佳节、重要纪念日举行开蒙礼、敬老礼、成人礼等礼仪活动，以“堂”为“形”，以“礼”铸“魂”，继承和弘扬传统文化。持续开展“好媳妇”“好婆婆”等活动，在文化礼堂内设置展示专栏，以德孝文化润泽人心，树立时代新风。东阳市打造家训长廊，带动好乡风。依托市、村两个层面的家训馆、家训长廊，广泛开展“寻找传统家训”和“寻找老故事”活动，共挖掘历代祖辈家训 386 条、老家风故事 420 个，让村民在和风细雨中接受熏陶教化，潜移默化地感知、认同、领悟、践行。东阳市花园村将“村运会”和文艺表演相结合，带动村民等广大群体积极参与。

## （四）建设文化队伍

东阳市整合资源、拓展功能，不断提升文化队伍的专业性。为进一步健全农村文化礼堂长效管理机制，东阳市制定出台文化礼堂建设的实施意见，配备农村文化礼堂工作指导员 67 名、志愿者 217 名、管理员 50 名，动员乡土文化能人、文化活动爱好者等 70 余人积极投身其中，为文化礼堂建设提供了有力的智力支持。2023 年 4 月，东阳市与浙江演艺集团对接，引进浙江演艺集团优质表演资源，将省一流水准文化文艺演出、培训送到乡镇村。该集团不定期地为文艺团队开展培训，通过专业团队与基层文艺团队共排节目、同台共演，培育提升基层演艺队伍力量，创造展示提升的机会，打造一批富有东阳特色的节目，推动文艺团队的培育和孵化。东阳市深化“百团联百村”共建共富行动，开展广场舞、地方戏曲培训，提高农村文艺骨干水平。组建文化志愿服务队，吸收了具有一定文艺特长人士加入文化志愿队伍。截至目前，全市共有文艺团队918支。另外，东阳市还组建了400多人的文化礼堂指导员和志愿者服务队伍，定期组织开展指导服务等各类活动，积极培养乡土文化能人、文艺人才，为文化礼堂建设、管理、使用提供有力的智力支持。各文化礼堂也涌现了自己的“帮帮团”“蔡嫂帮”等志愿服务组织，通过在文化礼堂内公布联系方式、组建微信群等，确保服务随叫随到。

## 二、农村文化建设的成效

### （一）文化礼堂全面建成，为全省礼堂建设示范

2013年，自文化礼堂建设启动以来，东阳市始终围绕“文化礼堂、精神家园”功能定位，精心谋划，扎实推进文化礼堂建设。2023年，全市农村文化礼堂共341个，实现了三星级文化礼堂全覆盖。目前，东阳市获评浙江省首批五星级农村文化礼堂的有3个，分别是江北街道甘东文化礼堂、城东街道单良村文化礼堂和虎鹿镇蔡宅村文化礼堂。在高标准建设的基础上，东阳市努力健全“建管用育”长效机制，扎实推进农村文化礼堂建设可持续发展。东阳市文化礼堂建设经验，先后被中央电视台、人民日报等多家主流媒体报道，获评2014年浙江省农村文化礼堂先进县（市），2016年浙江省农村文化礼堂建设工作现场会在东阳市召开。

### （二）居民业余生活丰富，幸福感显著增强

从学生到老人，文化礼堂为城乡居民提供了丰富的业余活动。东阳市横店镇柏塔村文化礼堂开展了系列主题暑期活动，开展读书学习、科普宣传、手工绘画、红色教育、防暑小知识等特色活动，针对孩子不同年龄段、兴趣爱好，精心开设手工制作、绘画、声乐、乐高、围棋等公

益课堂和体验课程，创造更多的社会实践机会。后周村文化礼堂每周三、周六都会组织开展戏迷演唱会，吸引千祥、南马、横店、马宅、磐安等地的众多戏迷前来捧场，不少老人“痴迷”其中。依托农村文化礼堂等文化阵地，东阳市精心组织了“我们的节日”等文化活动，实施“文艺星火赋美”工程，以群众歌舞、戏剧曲艺等文艺表演方式赋美乡村。2022 年，东阳市各行政村共组织开展各类文化文艺活动 2 756 场。东阳市将文化礼堂功能与共同富裕创新融合，为低收入人群提供了平台，为群众增加家庭收入打了一针“强心剂”，李宅村以文化礼堂为载体，通过为村民开设各种各样的技能课，让村民拥有了更多的致富选择。

### （三）文化水平提高，优秀文化传播

东阳市依托文化礼堂开展了许多提升居民文化水平的活动。虎鹿镇主办的“我在礼堂读好书”全民阅读活动在厦程里村文化礼堂开展，持续深入推动全民阅读，营造“爱读书、读好书、善读书”的良好氛围。在浓浓的书香中，村民体会到了读书的快乐，充实了自己的精神世界。虎鹿镇开展以“全民阅读”为主题的文化惠民活动，以书为“媒介”，将“接地气”、扬正气、展新风的先进文化、优秀文化送到文化礼堂，推动在辖区形成“爱读书、读好书、善读书”的阅读风尚，营造浓厚阅读氛围，实现居民从“请进来”到“主动来”的转变，让全民阅读真正走入每家每户，切实提升了居民的文化水平。为加深居民对党和国家历史的认知，坚定“党在心中，永远跟党走”的信念，2023 年 7 月 6 日，由东阳市委宣传部主办的主题为“党在我心中，永远跟党走”全民阅读活动在东阳市吴宁街道东方小区文化礼堂举办。社区居民积极阅读交流，畅所欲言，品味用文字书写的党史故事和英雄事迹，感受党对于国家和人民的无私奉献，从学习中汲取前进的智慧、奋进的力量。

### （四）文化积极性提升，居民凝聚力增强

2023 年 7 月，由东阳市委宣传部主办的和美古渊舞蹈大赛在东阳市巍山镇古渊头村文化礼堂前的广场开展，活动充分调动了辖区内各社区、

村以及舞蹈声乐机构的积极性，71 支队伍同台竞技，表演兼具艺术性、健身性、观赏性、娱乐性等特色，舞出了新时代人民的精气神儿，参赛者阳光灿烂的笑容、热情洋溢的舞蹈令现场评委和观众纷纷称赞。类似的活动还有很多，其既丰富了辖区居民的文化生活，又为居民提供了一个相互交流的平台，增强了街道、社区与居民间的凝聚力。

## 三、农村文化建设的启发

### （一）重视文化礼堂作用

如今群众逐渐富裕起来，对精神文化生活提出新的更高的要求，各地在抓好物质文明建设的同时，更要高度重视精神文明建设。目前浙江已有 1.98 万个农村文化礼堂，其发挥了重要的作用，其是在新时代下满足农村精神文明建设的需要。建设现代文明，乡村是热土、是基石、是底气，东阳市重视农村文化礼堂建设，并依托文化礼堂开展各类活动，积极满足人民的精神需求，利民便民，深化了文化自信。农村文化礼堂的建设不仅能为乡村治理提供现实支撑，更能为乡村治理聚合内生力量。在文化礼堂中，乡村治理的社会参与度不断增强，村民的自治意识极大提高，群众在农村公共文化服务中参与管理、决策和监督，为农村公共文化管理注入了新的活力。

### （二）经营管理文化礼堂

文化礼堂建成后，在礼堂的经营、管理以及迭代升级方面上应当更为用心。东阳市在文化礼堂的经营管理方面作出了优秀的示范，定期对礼堂开展分级提升改造，对礼堂管理员进行培训、提升管理和组织活动的能力，对文化礼堂进行分档次考核。东阳市迭代升级文化礼堂，打造富有东阳特色、能作为城市文化窗口、供周边群众共享的精品文化礼堂，鼓励农村充分发挥特色产业优势，在文化礼堂内创新开设产品展示馆、带货直播间等，助推文化礼堂带动村民增收致富为乡村振兴注入新动能，使文化礼堂的价值得到最大限度发挥。

### （三）举办多样文化活动

在农村文化礼堂建设中，东阳市因地制宜，每月都会召开文化礼堂建设推进会、现场会，培育特色品牌，把极具地方特色的木雕、竹编、火腿、建筑、影视等融入其中，以不同区域、不同历史文化，确定不同村的文化礼堂特色。从阅读活动、戏剧汇演到暑期主题活动，东阳市分时间、主体对象等，举办形式多样、创新特色的活动，切实提升农村居民生活的充实感、幸福感，更好地凝聚在街道乡村，传播地方优秀文化。

# 东阳市：非遗活化促进共同富裕

深化推进传统工艺振兴，以“非遗助力共同富裕”为契机，积极探索非遗文化赋能高质量经济发展，这是“非遗活化促进共同富裕”的有效途径。东阳市非遗底蕴深厚，公布非遗项目150个，传承人272名，并建有国家级传统工艺工作站1个。近年来，东阳市坚持“体系建设夯基础、活态传承促产业、财政引导推创新、生态功能优环境、工坊搭建壮经济”的工作思路，做到让“文化变成产业，产业变成文化”，将非遗文化转换成了助力共同富裕发展的动能，对“产业活化非遗促进共同富裕”事业具有典型意义。

## 一、“非遗活化促进共同富裕”的实践

非遗是发展经济的宝贵财富，东阳市在文化振兴中以非遗为重要抓手，通过政府财政导向将非遗文化与强村富民联结起来，广推活动、吸引人才、打造产业，达到让非遗文化“活化”、产业化的目的，助力共同富裕建设。

### （一）加强非遗体系建设，夯实共富基础保障

东阳市重视打造非遗名录体系，保障共同富裕内生动力根本所在。一是自上而下开展全面调查，系统整理非遗资源情况。坚持推进数字化改革，以数字档案库全面收纳本市非遗项目，精确统计各项目传承现状、

文化内涵等。二是建立科学评价制度体系。从非遗资源保护现状、文化价值、产业潜能等方面出发，实施科学评价，便于有针对性地加以保护、利用。三是注重集群效应，开展整体保护。东阳市共打造“东阳民居”特色村 10 个，建立中国传统村落 14 个，并以卢宅历史街区为载体，吸纳上百种非遗项目、开发文创产品 50 种以上。

### （二）坚持非遗活态传承，促进产业深度融合

东阳市致力活态传承，将非遗价值融入产业，形成经济效益。一是加强宣传。形成“东阳非遗丛书”“东阳帮”等文化成果；累计举办中国工艺美术节等 20 余场大型活动，并促进木雕、竹编等代表性项目亮相北京国际时尚周。二是推进融合。以旅游业为主要载体，将非遗文化元素融入基础建设，创建非遗旅游景区 20 家、省级精品非遗路线一条，门票收入达 1.4 亿元。三是出产品、出效益。联结融入非遗元素的旅游区域，打造推出非遗文创产品，引进电子商务搭建线上平台，同时开辟“木雕小镇”等 3 条研学路线，使非遗为产品赋能、产品为非遗创收。

### （三）体现政府财政导向，科学推动发展创新

东阳市在非遗发展中坚持政府领头，以财政措施体现政策导向。一是以资金补贴发挥激励作用。通过免租、活动补贴等方式引导 30 余名传承人入驻非遗群落并广泛开展内生培训；同时，每年市财政拨款 100 余万元引导开展民俗文化节、非遗夜市等活动。二是发挥财政“四两拨千斤”的作用，撬动社会资本的投入。通过适当放权于企业的方式，鼓励社会资本自发建设、运营，其中三单乡以省、市财政奖补资金撬动社会资本投入 9 750 万元。三是持续推进“百县千艺”“百县千集”工程，为非遗项目传承创新提供政策引导与便利。

### （四）完善非遗生态功能，美化乡村环境

东阳市推动非遗生态与乡村振兴、文化旅游联结，积极发挥非遗资源对乡村旅游的促进作用。一是开展生态基础建设。如三单乡前期投入

7 000 余万元，以“纯自然环境 + 原生态非遗”理念修缮重建附近老房，高效高质量推动非遗产业、乡村旅游发展。二是加强非遗生态协同作用。积极打造三十六院非遗生态圈、葛宅古村落等非遗村镇，获取集群效益，服务乡村全域旅游。三是以非遗生态优化环境。以三单乡为例，围绕非遗专业化构建“产能恢复、场景呈现、平台销售、产业融合”生态圈，坚持零工业发展，有效保护发展环境。

### （五）建设非遗工坊集群，壮大产业规模

东阳市以非遗工坊为载体，形成了产品制作、旅游体验等多个共富项目。一是深化工坊专业程度。政府出资组织技艺培训，并多次邀请专家进行技术指导。二是完善“一坊多用”功能。以工坊为载体，引导居民前往并制作非遗手工产品，提供 1 700 余个就业岗位，同时提供文旅体验项目，既发展了经济，又满足市场需求。三是推动集中保护和效益增收。东阳市共打造 17 家非遗工坊，其中六成位于农村，月均产值为 5 400万元。

## 二、“非遗活化促进共同富裕”的经验启示

东阳市素有“百工之乡”“工艺美术之乡”的美誉，近年来采用“传承保护 + 开拓创新”非遗“活化”模式，不仅有效保护和传承非遗文化，更推动非遗产业高质量发展，带动农民就业，推进共同富裕的进程，为高质量发展“非遗活化促进共同富裕”打造了东阳样板，其中的宝贵经验具有可复制、易推广的特点。

### （一）优化保护机制，夯实共富基础

非遗产业的发展应当以非遗文化的保护为基础，传承与创新发展离不开优越的保护机制与政策。一是要注重整体保护，加强非遗资源的普查和记录工作。充分利用相关先进技术，建立并完善非遗资源档案和数据库，进一步完善各级代表性项目名录体系。二是实现非遗资源保

护工作提效，最关键的是要明确非遗保护机构、传承人、传承基地之间的权、责、利，厘清政府投入与生产性保护、市场化运作之间的关系。

### （二）加强政策支持，推动非遗创新

财政政策支持可以有效推动非遗产业创新，传统工艺工作站、非遗工坊的发展需要政府的政策支持。一是政府应加大政策支持的力度，为不断提升传统工艺设计、制作与衍生品研究开发能力提供有效支撑，从而推进打造非遗精品项目，深化非遗文化建设工程。二是要体现财政政策导向，通过政策有所侧重、有所倾向，着力加强濒危项目保护传承，深化非遗各类传承基地建设，明确任务职能，规范工作机制，促进非遗产业持续健康发展，有效发挥政策推动作用。

### （三）推进非遗生态圈建设，赋能乡村振兴

东阳市通过探索开展非遗生态圈、文化老街、历史古村落等非遗特色村镇、街区建设，实现乡村生态与非遗传承双丰收。一是坚持以良好生态作为乡村振兴的支撑点，明确地区开展乡村振兴的底蕴所在，做到“饮水思源”，以可持续发展为目标。二是提炼非遗生态价值助力乡村振兴。发挥协同机制作用，将非遗保护与美丽乡村、特色小镇、传统村落保护等工作紧密结合，支持发挥非遗资源在服务基层社会治理和发展乡村旅游中的积极作用，为乡村振兴赋能。

### （四）加强非遗“活化”，撬动产业发展

文化唯有融入产业、形成产品、带来效益，方为“活化”，没有“活化”的文化是没有价值的。各地区在利用非遗文化发展经济时，要遵循“活化”原则。一是要加大力度在城市建设中植入非遗元素，加强非遗与乡村旅游、数字经济等横向融合，提高非遗经济发展层次。吸引各行各业技艺者加入非遗传承发展的队伍中，既要加强非遗工程队伍建设，又要促进村民就业增收，振兴乡村发展。二是注重产业链延长、开

发文化产品，以非遗独有的文化价值赋能产业和产品双发展、以产业和产品经济特性开发非遗文化内在效益，寻找非遗文化与产业和产品相结合的有效途径，做到创新、高效发展。

# 安吉县：古城遗址保护开发的多元化投入

习近平总书记指出，要让更多文物和文化遗产活起来，营造传承中华文明的浓厚社会氛围。安吉古城遗址是一座始建于战国时期沿用至东晋、保护完好的古代城址，2006 年 5 月被公布为全国重点文物保护单位，2013 年，安吉古城遗址和龙山越国贵族墓群合并被公布为第七批全国重点文物保护单位。如何让文物和文化遗产活起来，经过 10 年连续的探索，2017 年，安吉县和浙江绿城服务集团下属公司——浙江绿郡恒业实业发展有限公司（即下文中的社会资本）合作，采取全国首创的“政府 + 考古机构 + 社会力量”模式对古城遗址公园进行保护、开发，2021 年 12 月，古城遗址和遗址博物馆正式对外开放，到 2022 年底，累计接待游客 12 万余人次，营收 1 500 余万元，取得了较好的经济效益和社会效益，实现了古城遗址保护、开发的共赢。安吉古城遗址公园成功创建国家 3A 级旅游景区，被列入国家“十四五”时期重要大遗址名录，并荣获“全国十佳文化遗产旅游案例”“浙江省第二批大花园耀眼明珠”“浙江省第二批文化和旅游促进共同富裕最佳实践案例”等荣誉称号。

## 一、古城遗址保护、开发多元化投入的主要做法

让文物和文化遗产活起来，积极推进文物保护和开发利用资金是关键。面对古城遗址保护、开发的需要和资金困难的困境，安吉县政府没有“等靠要”，而是主动作为，勇于创新，把社会资本引入古城遗址保

护、开发，开创了古城遗址保护、开发利用社会资本的先河。2017 年，安吉县政府与社会资本合作，引入社会资本保护、开发古城遗址，构建了“政府主导 + 社会投资 + 专家座谈”模式，实现了古城遗址保护和开发的有机结合。

### （一）所有权和运营权分离，构建多元化投入的运营机制

古城遗址是祖先留下的文化遗产，是政府的公共资源，如何处理古城遗址保护和开发的关系是古城遗址保护、开发的难题。安吉古城遗址公园保护、开发在确保古城遗址公园使用权国家所有的前提下，积极引进社会资本，和社会资本签订了 30 年的合作协议，由社会资本负责开发和运营，开设了所有权和运营权分离的古城遗址公园保护、开发新模式。一是使用权的国有。在安吉古城遗址公园保护、开发中明确古城遗址公园属于政府所有，所有新建设施的产权归政府所有。安吉县成立古城遗址保护中心负责遗址文物保护和遗址公园日常监管工作。二是专家委员会的监督。古城遗址公园保护、开发不仅专业，而且要求高。古城遗址公园明确要求在中国社会科学院、北京大学、复旦大学、浙江大学等院校专家组成的专业学术委员会指导下实施，以避免文物的破坏和损毁。三是社会资本的运营。专业的人做专业的事，古城遗址公园具体由社会资本开发建设和运营，以发挥社会资本在资金、技术、管理方面的优势和经验，使古城遗址公园开发建设得以实施。

### （二）财政资金和社会资本结合，构建多元化投入的责任机制

在使用权和运营权分离的前提下，拥有所有权的政府财政资金和拥有运营权的社会资本分别承担相应的责任，以达到用财政资金撬动社会资本推动古城遗址公园的保护、开发。一是社会资本的参与。古城遗址公园的保护、开发以社会资本为主，到 2022 年底社会资本累计投资 4.8 亿元，先后建成考古科技保护中心、古城遗址博物馆，以及研学旅游设施建设，完成了 3 015 亩土地流转和近 200 栋房屋拆迁，推进了周边交通和环境建设。二是中央财政的支持。依托以古城和龙山越国贵族墓群为

核心的大遗址入选国家《大遗址保护“十三五”专项规划》《大遗址保护利用“十四五”专项规划》的契机，安吉县先后于2017年和2022年6月分别争取到国家文物保护专项资金1 650万元、2 880万元，对龙山越国贵族墓群进行保护、开发。文物是公共文化，争取中央财政支持使古城遗址公园的文物得到有效开发和保护。三是地方财政的配套。安吉县财政每年安排20万元的资金，用于当地为保护文物而组建护墓巡查队的日常开支，以有效保护古城遗址公园的文物。可以说，安吉古城遗址公园的保护、开发真正实现了财政资金的“四两拨千斤”，用有限的财政资金的“四两”推动古城遗址保护、开发社会资本投入的“千斤”。

### （三）各方利益兼顾，构建多元化投入的共享机制

安吉古城遗址公园保护、开发涉及方方面面的利益，如何处理好各方的利益关系，实现各方利益的共赢，是古城遗址保护、开发成功的关键。一是政府的利益得到尊重。安吉古城遗址公园保护、开发所有权归政府，使政府的利益得尊重，以掌握古城遗址公园保护、开发的主动权。政府保护开发古城遗址是为了保护文物，同时发挥文物的社会价值，让更多的人了解古城发展的历史，让文化活起来。古城遗址公园保护、开发所有权归政府，使政府掌握主动，是重要的前提。二是社会资本的利益得到维护。安吉古城遗址保护、开发的运营权归社会资本，考虑到古城遗址保护、开发投入大、周期长、见效慢的现实，古城遗址公园的运营权归社会资本，政府与社会资本签订30年的合作协议，使社会资本看到了古城遗址公园保护、开发的前景。社会资本参与古城遗址的保护、开发，需要有情怀和担当，并以此提升社会资本的知名度，以及从古城遗址保护、开发的运行中得到效益，是吸引社会资本的关键。三是群众利益得到保护。古城遗址公园保护、开发涉及周边乡村，周边群众的配合支持是关键。安吉古城遗址公园开发通过土地流转，使村集体和村民得到了租金收入，又通过优先安排村民就业使村民得到薪金收入，村集体和村民利益得到维护，是古城遗址保护、开发顺利推进的重要一环。

## 二、古城遗址保护多元化投入取得的效益

安吉古城遗址公园开发运营时间不长，但作用不小，影响逐渐显现，经济效益、社会效益、共富效益、溢出效应等不断发挥，有力地推动了当地经济社会发展。

### （一）创造了经济效益，发挥了古城遗址的经济价值

古城遗址公园作为文化产业，是阳光产业，也是政府大力支持发展的产业，尽管文化产业具有投入大、周期长、见效慢的特点，但古城遗址公园自 2021 年 12 月对外开放以后，虽受疫情的影响，依然取得了较好的经济效益。到 2022 年底客流量累计 12 万人次、运营收入超过 1 500 万元，主要来自研学、旅游、餐饮等方面。根据社会资本方的测算，古城遗址公园未来 3—5 年的运营收入可突破 1 亿元，未来 10 年可突破 10 亿元，经济效益可期。

### （二）创造了社会效益，发挥了古城遗址的社会价值

古城遗址的保护、开发，使文化得到了发展，使文物的价值得到了实现，也使古城遗址公园的社会价值得到了实现。一方面，古城遗址公园先后建立了考古现场展示区、考古保护中心、遗址博物馆、生态自然体验区等 8 个功能区，使一批文化事业得到了发展。另一方面，古城遗址公园以“遗址”“博物馆”“公园”为核心，先后推出“考古博物”“自然探索”“新劳动教育”“红色传承”等研学项目，吸引了大批中小学生的参与，使古城遗址公园的社会价值得以实现。

### （三）创造了共富效益，发挥了古城遗址的共富价值

古城遗址开发带动了村集体和村民的收入，促进了共同富裕建设。古城遗址公园规划面积 3 052 亩，土地由村民流转到村集体，再由村集

体流转给社会资本，其中林地每亩400—600元、耕地每亩800元。古城遗址所属的古城村集体经济收入2018年不到30万元，到2022年增加到400万元，村集体资产达到3 000多万元。古城遗址公园吸纳村民就业360余人，村民人均年增收2万余元，极大地激发了村民的积极性。

### （四）创造了溢出效益，发挥了古城遗址的溢出价值

古城遗址的开发、保护改变了周边的投资环境和营商环境，提高了安吉的知名度，带动了周边的发展，创造了溢出效应。2022年，安吉县的宋茗茶博园、茗静元、盛家大院等一批文旅项目纷纷落户周边，带来了11亿元的投资。

## 三、古城遗址保护、开发多元化投入的启示

博物馆、文化遗址等都是文化和文化产业的组成部分，安吉县成功引进社会资本，对古城遗址公园的保护、开发使古城遗址文物活起来，走进社会大众，其产生的社会效益，对浙江省乃至全国各地如何更好保护发展文化和文化产业，对更好利用文化资源推进文化产业发展是有启发的，即发展文化和文化产业必须要有市场化的思维和构建多元化的投入机制。

### （一）推动文化向文化产业的转化是基础

文化是一个地方、一个民族、一个国家的核心竞争力，大力发展文化和文化产业是国家的发展战略，也是各地提升竞争力的需要。但一谈到发展文化，人们先想到的是政府财政如何出钱，预算安排多少？对于安吉县古城遗址公园的保护、开发，安吉县政府突破传统理念，另辟蹊径，通过成功引进社会资本，让文化得到了保护，让文化产业得到了发展。其实，文化和文化产业紧密相连，文化和文化产业是可以转化的。文化是基础，文化产业是文化的发展，是文化和产业结合的结果。因此，各地在发展文化和文化产业中，先要想到的是如何利用社会资本，让专

业的人做专业的事，既让文化得到保护，又让文化产业得到发展，实现政府财政少花钱、办好事、办成事。

### （二）构建所有权和运营权分离机制是保障

相对来说，文化产业有投资周期长、见效慢的特点，如何吸引社会资本参与文化产业发展，是文化产业多元化投入的难点。安吉古城遗址公园的保护、开发，在所有权是国家的前提下，把运营权转让给社会资本，给社会资本以“定心丸”，使社会资本“有利可图”，把古城遗址公园建立起来，使文化和文化产业得到发展。因此，发展博物馆、遗址公园等文化产业必须牢牢把握所有权是国家的定位，在所有权是国有的前提下，把运营权让渡给社会资本，以吸引社会资本积极投资文化产业的发展，达到文化和文化产业发展、政府和社会资本利益的双赢。

### （三）发挥财政资金的政策导向作用是方向

为社会提供公共产品和公共服务是财政的职能所在，博物馆、文化遗址保护开发离不开财政的支持，但财政支持不等于财政“统包”，躺在财政身上的依赖思想。凡能够发挥市场机制作用的，财政要主动退出，让市场“无形的手”发挥更大的作用。安吉古城遗址公园保护和开发的成功，是财政“四两拨千斤”政策功能的发挥，财政花“小钱”引入社会资本的“大钱”，既减少了财政对古城遗址开发的投入，也减少了古城遗址维护运营的成本。因此，在当前尤其是财政困难的大背景下，发展博物馆、文化遗址公园等文化产业，引入社会资本是发展方向。对社会资本参与文化产业发展政府财政要给予积极的支持，给社会资本信心，目的是要引入社会资本的投入，把博物馆、文化遗址公园等文化产业发展起来。

### （四）实现多方共赢是目标

多元化投入文化保护和文化产业发展，涉及政府、企业、个人等多方面的利益，维护好各方的利益是文化保护和文化产业发展的关键。在安吉古城遗址公园保护、开发中，通过土地的流转，以及劳动力就近优先安排就业的原则，让村集体经济得到发展、村民实现了增收，使古城遗址公园保护、开发进展顺利，成为共同富裕的最佳实践案例。因此，在推进博物馆、文化遗址保护和开发时必须充分考虑政府、社会资本、老百姓的利益，尤其是老百姓的利益。让政府保护文化的社会价值得以实现，让社会资本知名度提升和丰厚的经济效益得以实现，让老百姓收入增长的经济利益得以实现，将文化优势转化为经济优势、发展优势，让社会资本有收益，更要让人民群众受益，把文化产业发展成为共同富裕的产业。

# 三单乡：文化赋能助力山区乡村振兴

乡村振兴是实现中华民族伟大复兴的一项重大而紧迫的任务，而文化振兴则是实施乡村振兴的重要内容和力量源泉。三单乡位于浙江东阳市东部偏北，全乡山多地少，农居散落，曾因缺乏产业支撑逐渐变成“空心村”，全乡人口为1.1万人，常住人口仅0.4万人，其传统手工艺也面临失传的困境。2020年，三单乡以“千万工程”为引领，充分利用自然资源优势，深入挖掘非遗文化内涵，大力开展林栖三十六院项目，致力于将三单乡打造成为非遗文化与康养旅游相融合的未来乡村。目前，林栖三十六院项目已累计流转闲置房屋178间，异地搬迁古宅古建筑105间，流转山林600多亩、土地800多亩，建成蓝染、蓝印花布、传统纺织、银器、木艺、豆腐、酒等非遗手工作坊7个，非遗展示场馆及博物馆2个，4大非遗主题民宿共40间，截至2023年7月，共接待游客2万多人次，实现总收入800余万元，强有力地壮大了村集体经济，推动了乡村振兴。三单乡先后获得“国家级生态乡”“国家级卫生乡”“省级森林城镇”等荣誉称号，林栖三十六院项目作为“千万工程”开启未来乡村实践的范例登上了央视《新闻联播》《焦点访谈》《朝闻天下》栏目，入选浙江省乡村旅游促进共同富裕案例，为乡村振兴提供新样板，为共同富裕提供新思路。

## 一、文化赋能乡村振兴主要做法

乡村振兴不仅要发展经济、实现产业振兴，更要弘扬精神、实现文化振兴。三单乡坚持把文明和谐乡风美作为美丽乡村建设的内在要求，抓住非遗“流量密码”，深耕乡村文化，大力发展乡村旅游，不仅在经济上使村民增收，而且让三单乡村民感受到文化的力量和精神的富足。

### （一）借力非遗文化影响，吸引乡贤回归

乡贤是乡村振兴战略中不可或缺的重要力量，一个乡村的发展，离不开乡贤的支持。三单乡十分重视“乡贤文化”和“新乡贤”的作用，深挖乡贤资源，通过乡贤恳谈会、春节茶话会、外地乡贤走访等形式，传达对乡贤的关切，并以此为契机，探索实施“党建＋乡贤”治理新模式，在听取乡贤意见和建议的同时，积极介绍当地的招商引资政策以及特色非遗，鼓励乡贤返乡投资，让更多的项目落地三单乡，让乡贤成为三单乡发展的推动力。在东阳市委统战部“千名乡贤助共富”行动的号召下，三单乡借助当地非遗文化影响，推出“传承人守护村庄行动”，吸引乡贤回乡投资，与乡政府合力打造林栖三十六院项目，项目总投资10 亿元，规划建设范围覆盖三单乡全域，成功探索了一条融合文化复兴和乡村振兴的创新之路。

### （二）按照非遗文化要求，改善乡村居住环境

三单乡立足于非遗文化保护，将旅游业“微改造、精提升”的要求与小城镇环境综合整治相结合，着力建设美丽三单乡，有力提升了村民的幸福感和游客的满意度。一是实施“三溪两岸”提升工程。三单乡以“五水共治”为抓手，深入实施“三溪两岸”提升工程，在清溪西侧修建约 150 米的溪边仿木栈道，对清溪沿岸 13 幢建筑立面进行喷砂修缮，在岸边安装景观灯等，不仅美化了三单乡夜间景观，为村民提供夜晚休闲好去处，更是以景观升级治理河道污染，擦亮生态底色，实现了生态共富。二是实施农房改造工程。三单乡林栖三十六院项目在改造老房子时始终秉持“修旧如旧”的准则，以最大限度保留老房子原有的榫卯结构，同时与现代人的需求和审美相结合，将其改造成非遗手工作坊、非遗展示场馆、非遗主题民宿等特色空间，“老旧房”变成了“致富房”。

这种老房子的改造方式，不仅能够节约修缮成本、保护环境，而且保留了三单乡原有的特色和风貌，真正实现了“微改造、精提升”的应有之义。目前，已流转闲置房屋178间，异地搬迁古宅古建筑105间，数百间闲置农房正进行设计、施工。老房子通过改造焕发新生，让更多的游客留下来、村民富起来。

### （三）挖掘非遗文化内涵，推动乡村产业发展

乡村振兴要靠产业，产业发展要有特色，三单乡充分利用自然资源优势，深入挖掘非遗文化内涵，通过流转闲置房屋、山林土地，集聚山区老手工艺人、留守人员，逐步整合起三单乡的闲置资源，建立起原料种植、加工、印染的生产线，恢复了蓝印花布等非遗产品产能。市场上每年几十万米蓝印花布的需求，带动了三单乡乃至整个东阳市坯布、黄豆、蓝草种植及手工艺人的稳定收入不断增长，促进了蓝印花布非遗生态链的健康发展，推动了乡村产业的蓬勃发展。三单乡在恢复蓝印花布产能的前提下，积极探索销售路径，一方面将蓝印花布元素广泛应用于林栖三十六院民宿中的抱枕、床单、床席以及日常使用的包装系统，另一方面依托林栖自身的粉丝群体以及“生活向左”品牌服饰的品牌效应，鼓励蓝印花布对外销售，打通非遗生产到商品转化的“最后一公里”。

### （四）融合非遗文化元素，提升乡村产业融合

三单乡为实现“非遗体验胜地、共富康养名乡”的目标，积极探索产业间相互结合、共促发展模式，以生态资源为形、农耕非遗文化为魂，致力于打造“非遗活化农文旅综合性共富”样板。一是打造本土农业品牌。三单乡3次举办高山西瓜节，不仅打响了三单乡高山西瓜的品牌，助力农业经济增长，更推广了乡村旅游，吸引游客走进大山，激发本土农业品牌的后生力与潜力；三单乡打造“五谷丰登”助农礼包，在产品包装上融入非遗元素进行文化赋能和产品提档升级，增加产品附加值，推动树立三单品牌，助推好产品走出大山。二是开发休闲农业精品路线。三单乡作为浙江省首批茶叶特色强乡，凭借天然茶产业资源，面向游客开展“茶香

文化体验游”，以茶文化带动旅游业发展，以茶文化旅游反哺茶经济，进一步推进农文旅融合发展。

## 二、文化赋能乡村振兴取得的成效

在林栖三十六院项目的推动下，三单乡逐渐形成了“产能恢复、场景呈现、平台销售、产业融合”的非遗活化生态圈，实现了乡村人才回流，产业蓬勃发展。随着村集体收入逐年上升、村民“钱袋子”越来越鼓，三单乡正在逐步走向乡村振兴、稳步迈向共同富裕。

### （一）村民、村集体双增收

三单乡通过林栖三十六院项目的建设，挖掘了三单乡传统手工艺潜能，为附近村民提供了大量的就业机会，让村民实现在家门口就业。三单乡打造的非遗手工作坊，集聚山区老手工艺人、留守人员 500 多人，提供就业岗位 100 多个，开展技能培训 2 500 多人次，年人均增收 2 万元。2022 年，作为林栖三十六院项目一期核心的三单村，集体经济收入过百万元，其中经营性收入 53 万元，在激活非遗文化的同时，实现村民增收、村集体致富，三单村的“复活”模式也逐渐向三单乡蔓延，三单乡全乡迸发出蓬勃生机。

### （二）一二三产业融合发展

三单乡坚持“生态立乡、农业强乡、旅游兴乡”的新时代发展路径，通过举办西瓜节、嬉水节，设计精品旅游路线等，共吸引游客 2 万多人次，促进了休闲农业、观光农业的发展，逐步形成“农旅结合、以农促旅、以旅兴农”的产业格局；同时，利用三维销售平台，打通三单乡产销对接渠道，2022 年上半年，共收购小京生、香榧、大米等三单乡各类农特产 5 000 多千克，打造的“五谷丰登”助农礼包，最高一周销售 5 000 余份，有力破解了农产品销售困难的问题，帮助农民增收致富。

### （三）人才队伍不断壮大

实施乡村振兴战略，人才是关键。三单乡通过开展“传承人守护村庄行动”，通过向驻扎在此的大学生、返乡创业者、“新乡人”授予“荣誉村民”称号等方式，吸引了众多乡贤回归，实现了人才的不断回流，激发了人才的奋斗热情，为乡村振兴提供了强大的人才支撑。其中，乡贤林栖是三单乡返乡创业的代表，她为三单乡带回了林栖三十六院项目以及团队人才，并借此项目带动就业500多人、提供乡村创业项目5个、开展直播带货培训1 200多人次、共吸引8批返乡人群回乡创业，为三单乡引入、培育高质量人才，推动了三单乡全乡干事创业的热情高涨。

## 三、文化赋能乡村振兴的思考

三单乡在深入挖掘非遗文化底蕴的基础上，进一步推广和拓展文化展现的形式，更好地将文化资源转换为经济资源。三单乡的成功实践，不仅彻底改变了古老乡村的面貌，而且为乡村振兴提供更多可复制、能推广的经验。

### （一）凝聚多方力量，增强非遗认同

非遗保护应当依赖于一定程度的社会共识，顺着潮流走才能让传统手艺受到更多关注，让非遗真正成为社会的“家常饭”，推动非遗“出圈”。

在东阳市委统战部、三单乡政府及有关部门的大力支持下，内外东阳人共同助力，林栖三十六院乡贤回归投资项目，于2020年5月顺利启动。林栖三十六院项目积极探索开展三十六院非遗生态圈，深入挖掘、传承、创新利用属地非遗资源，规划了蓝染、木工、酿酒、银器等传统手工传承区，以手工工坊为核心引领，带动非遗展示、深度研学等业态，还将蓝印花布与符合当下生活方式的设计结合，制作成日用品、时尚服装，在线下和线上售卖，推动文化传承与乡村振兴、全域旅游相融合。

### （二）发挥人才优势，助力非遗传承

人才是非遗传承的基础，要加强非遗保护、传承和利用工作，盘活本土非遗资源，发掘民间非遗文化能人，不断培育、壮大非遗传承人才。第一，对外要发挥传承人效应。建立非遗展示馆、传承基地和传习所，鼓励传承人在其中开展技能培训和教学活动，加强非遗的宣传，让更多的人了解非遗、参与非遗保护。林栖三十六院筑巢引凤，把东阳市、浙江省甚至全国的手工艺人集结起来，让他们专心创作自己擅长的手工艺精品，扎实做好对非遗及传承人的保护工作。第二，对内要开展“产学研”融合发展。积极开发非遗研学路线，通过开展非遗学堂、研学游等活动，提高人才培养质量。三单乡团委与白云街道团工委联合举办的“童心向党　文化传承”红领巾非遗研学活动在三单乡林栖三十六院顺利举行，在弘扬中华优秀传统文化、丰富青少年课外生活的同时，让青少年承担起非遗传承的使命，成为非遗传承的重要力量。

### （三）推动产业融合，创新“非遗+”模式

一是“非遗+旅游”。加强非遗“活化”利用，促进文旅融合发展。林栖三十六院提供了一个广域的传统手工艺体验度假区，让现代人有机会感受传统手工艺的魅力，同时搭建起了高品质的原生度假体验，让游客吃好、喝好、玩好、住好。其打造的多元旅游项目，为山乡引来人气、资金和项目，吸引城里人、年轻人走进来，实现乡民物质和精神双富裕。二是“非遗+电商”。充分利用电商平台，拉近传统文化与当代年轻人的距离，为传统文化注入新的生命力。林栖三十六院项目借力广州汇美集团线上平台资源，推出“三十六院”抖音直播账号，打响“双喜”蓝印花布等非遗工坊品牌，打通蓝印花布生产、销售渠道。只有持续激发农民的内生动力，充分挖掘利用好乡村特色资源，增强自主创收能力，探索新的利益增长模式，乡村才能搭上电商“快车”，释放新的发展活力。

### （四）要盘活老屋资源，激活乡村发展潜能

老房子的修复和改造为资源利用升级的一大难点，修缮房屋的费用远高于新建的成本。三单乡林栖三十六院项目前期投入大量资金，对三单乡三单村附近村落和老房子进行修葺与重建，以“纯自然环境＋原生态非遗”融合为理念，在最大限度保留老房子原有结构的基础上结合现代审美进行改良创新，既保留了老房子的完整风貌以及当地特色，也增加了宜居性，而宜居的环境又能够吸引更多手工艺人前来工作，有效传承传统手工艺。乡村盘活老屋资源，应从挖掘文化内涵和提升游客体验感入手，采用“微改造、精提升”的“绣花”功夫，坚持不搞大拆大建，同时以修缮好的老屋资源为杠杆，撬动包括山、水、林、田、湖等生态资源和历史人文资源，创新尝试多种业态融合，不断改善农村居民生活环境，提高农村居民生活水平，激活乡村发展资源。

# 第五篇

# 绿色发展与未来乡村

# 雪水港村：绿色发展促进共同富裕

实现共同富裕是社会主义的本质要求，而生态文明建设和共同富裕紧密相关，不断提高农村发展的绿色水平，有利于实现经济发展与生态改善双赢的“绿色共富”的目标。雪水港村位于海盐县通元镇东端，村名因村境内有主要河流雪水港而得名。全村区位优势明显，坐落于群山之中，南侧为马鞍山，北侧为银山和葛山，又有雪水港等18条绿水流淌，拥有得天独厚的生态优势。2006年1月，时任中共浙江省委书记的习近平同志在雪水港村开展“建设社会主义新农村”调研后，雪水港村的美丽乡村建设序幕全面拉开。十多年来，雪水港村干部群众始终牢记嘱托，争先创优，充分挖掘、整合雪水港村特色资源，围绕红色文化，打造以“雪水春早，幸福港湾”为主题的江南特色美丽乡村。积极融入乡村振兴示范区建设，紧紧把握乡村振兴发展脉搏，以建设绿色低碳、生态宜居的乐居型未来乡村为目标，以“绿色共富、零碳未来”为主题，践行“绿水青山就是金山银山”理念，打造符合雪水港村实际的未来乡村“九大场景”，构筑“低碳村落”，走出了一条可复制、可推广的兼顾绿色和共同富裕的未来乡村示范样板，演绎出富有特色的乡村振兴“雪水港样本”，实现了在兴村富民上当示范、在乡村振兴上当示范、在先锋引领上当示范。

## 一、绿色发展促进共同富裕的主要做法

### （一）基层治理机制完善

近年来，雪水港村通过打造“美丽党员”党建品牌等一系列载体，充分有效发挥基层组织的作用，引领“绿色共富”乡村的打造。在党总支部和党员的带领下，美丽风景线逐渐延伸到雪水港村全域。随着新时代“网格连心、组团服务”工作的不断深入，雪水港村规范建设了美丽家园宣传团、积存垃圾清运队、绿道补植养护队、墙面广告清除队、治水护水队、渠道路面维护队的“一团五队”，通过党员认领岗位，带动群众参与，以“党员 + 群众”共同参与志愿服务的形式，实现了“以言行获取积分、以积分兑换服务”的良性循环。

### （二）淘汰落后产能亮底色

雪水港村坚定不移走生态优先、绿色发展之路，切实践行“绿水青山就是金山银山”理念。自 2006 年以来，先后关停马鞍山、葛山等矿坑，对废弃采场、采坑等空地全面实施复绿，使矿坑变美景；坚持绿色导向，消除生态隐患，关停村庄内嘉兴市依山富针织服饰有限公司等“低小散”企业 32 家。积极创建美丽乡村，完成雪水客厅、美丽河湖、郊野公园等 9 个生态提升美丽乡村项目，有效改善生态环境，筑牢绿水青山底色。

### （三）优化能源结构促低碳

大力推行分布式光伏，推进整村光伏项目建设，在雪水港村投资建设智慧路灯、光伏路灯、光伏休闲栈道、光伏连廊和 V2G（车辆到电网）充电桩等服务设施，推广村工业企业、村民安装太阳能光伏板，建设分布式光伏电站，并在雪水港村“红船·光明驿站”开辟“零碳村落”推广专区，以雪水港村示范项目科普适用于乡村地区的降碳举措，

形成聚沙成塔、以点带面的辐射推广。2019 年，雪水港村在全省率先实行“柴改电”，创新推广“柴改电”，建成“柴改电”示范区，开辟“零碳村落”推广专区，以点带面辐射推广乡村降碳模式。

### （四）发展生态产业带共富

根据村庄自然禀赋，大力推广绿色生态农业、农文旅融合等发展模式，先后引进北山北农场、嘉兴融禾农业科技园和华维节水灌溉等千万元以上农旅项目，推广使用土壤改良培肥、节水灌溉、绿色防控等农业绿色生产技术，形成种养循环、区域低碳循环等绿色农业发展模式，通过采用“企业 + 村集体 + 农场”模式，发展“订单式”种植销售模式，并积极培训本地村民，让更多村民在家门口就业，带动村内 300 余位闲置劳动力解决就业问题，促进村集体增收。加快一二三产业融合，推动美丽乡村向美丽经济转换，成功串联“绿野仙踪”旅游风情线和“丰山溢水”党建引领美丽乡村精品线建设，形成集红色文化教育、生态观光、农耕文化体验、亲子田间休闲等功能于一体的农旅休闲集聚区，打造“雪水春早”特色美丽乡村旅游线，不断推动农文旅产业融合发展。

## 二、绿色发展促进共同富裕取得的成效

通过未来乡村试点建设，雪水港村既保护了生态环境，又促进了产业绿色低碳发展，有效降低了碳排放，构建了“低碳村落”。

### （一）党建引领成果显著

雪水港村按照乡村振兴战略 20 字总要求，积极践行以“党建 +”为引领，以“五星创 A”工作为主抓手，成功建设“雪水春早、幸福港湾”的江南特色美丽乡村，获评浙江省 3A 级景区村庄称号。

### （二）经济增长动力强劲

2022 年，全村实现村级集体经济收入 396.76 万元，经常性收入

306.1 万元，村民人均收入达 4.6 万元，全年接待游客人数 18.6 万人次，实现旅游收入 905.5 万元。

### （三）节能减碳成效明显

目前雪水港村已建成光伏装机容量 16 兆瓦，全年发电量约 1 728 万千瓦时，碳减排 1.66 万吨。雪水港村累计推广“柴改电”639 户，减少柴火消耗约 10.15 吨，碳减排 18.61 吨，每年为村民增收 13.89 万元，雪水港村“推广土灶柴改电”案例入选全国乡村振兴典型案例。

### （四）知名度、美誉度提高

近年来，雪水港村先后获得省级全面小康建设示范村、省级绿化示范村、省级卫生村、省级 3A 景区村庄、省级“一村万树”示范村、省级高标准农村生活垃圾分类示范村等荣誉称号。

## 三、绿色发展促进共同富裕的启示

雪水港村以打造美丽乡村建设基础版、升级版为载体，以建设绿色低碳、生态宜居的乐居型未来乡村为目标，以“绿水青山就是金山银山”为发展理念，努力在经济发展、新农村建设和党的先进性建设上当好答卷人，谱写了令人瞩目的“乡村巨变”。

### （一）坚持党建引领，激活乡村发展优势

强化发展基层党建组织的政治功能与组织功能，以党建统领乡村振兴，充分发挥党建引领优势，实现“绿色共富”的发展道路。雪水港村充分发挥党支部的战斗堡垒作用和党员的先锋模范作用，以此激发广大农民积极性、主动性、创造性，激活乡村振兴内生动力、活力与合力，把党建优势转化为乡村发展优势。

## （二）坚持低碳理念，引领可持续发展

坚持“绿水青山就是金山银山”的可持续发展理念，倡导经济发展与生态环境保护并重。雪水港村践行可持续发展理念，在推进乡村社会经济发展的同时，坚持生产、生活和生态“三生”互融互促，及时关停并转高能耗高污染企业，引导传统农业向现代智慧农业转型，从源头开始狠抓环境综合整治，引导村民低碳生活，严守了生态底线，保护了生态自然环境，绘制了美丽乡村画卷，促进了人与自然和谐共生。

## （三）促进产业转型，实现共同富裕

促进产业振兴，发展实体经济是实现共同富裕的经济基础。雪水港村依托当地的自然禀赋，结合市场导向，走出了一条特色化的发展之路。雪水港村着重利用好地理位置和特色农业，因地制宜发展适合本地区的特色产业，推进乡村产业高质量发展，促进乡村一二三产业融合发展实现村民增收，促进共同富裕。

# 黄村乡："三美融合"助力乡村振兴

"千万工程"是从农村环境整治入手，由点及面、迭代升级，创造了推进乡村全面振兴的成功实践。"三美融合"即从美丽生态到美丽经济、美好生活的清晰发展脉络。黄村乡隶属于丽水市莲都区，地处莲都区东部，下辖11个行政村。在"千万工程"实施的20余年里，黄村乡黄泥墩村通过展开"阳光票决"形式的基层治理新模式，一改之前干群关系紧张的问题；黄村村大力整治水库环境，改善村庄面貌；池岭村签订竹林流转项目，通过集体产业助力村民增收致富。另外，黄泥墩村改造生态环境建设游乐场所、因地制宜建设碧水湾欢乐谷景区等，利用生态优势助力经济发展，打造乡村旅游综合体，黄村村也实现了从"脏乱差"到"绿富美"的蜕变。黄泥墩村被评为浙江省善治示范村、省级美丽宜居示范村；莲都区"村级事务阳光票决制"入选2019年浙江省法治乡村实践优秀案例、2021年民政部全国基层治理创新典型案例，相关经验多次被中央、省级主流媒体刊载，形成了一套可借鉴、可复制的基层民主治理模式。

## 一、"三美融合"助力乡村振兴的实践

"千万工程"实施之初，黄村乡的不少行政村都面临不同的问题。其中，黄泥墩村贴着"贫困村""上访村""矛盾村"等标签，村民对干部的信任缺失；黄村村的环境可称为"脏乱差"，随处可见的违章建筑、

污染严重的河道水库等，池岭村拥有丰富毛竹资源却不懂有效利用。为贯彻“三美融合”理念，把“千万工程”落到实处，黄泥墩村酝酿出一种新的治村模式——“阳光票决”，即村里的大事，做不做、怎么做，交给村民投票决定。黄泥墩村通过了碧水湾景区、“梦里水乡欢乐谷”等改变黄村乡发展的重大项目。黄村村大力整治环境，清修水库，“爆改”村庄面貌，将独特的生态优势成功转化为经济优势，由“吵闹村”蜕变为“文明村”。“三美融合”发展的脉络在党建引领下得到实施。

### （一）党员引领决策，“阳光票决”共行

在基层社会治理进程中，党员是义不容辞的“排头兵”，为了充分获取村民意见、建议，实现党建引领下的基层社会治理现代化目标，黄村乡黄泥墩村建立党支部扩大会议制度和党员群众常态沟通机制，以网格为基本单元，网格员、村民代表、党员定期交流沟通，由党员广泛收集村民意见、建议，明确“阳光票决”事项和方案。村民在党组织的引领下热情主动地参与村中事务，并自发组建一个个乡贤智囊团，推动党代表、人大代表、政协委员、退休干部、企业家以及模范人物代表等乡贤力量积极参与村级事务的提议、监督与决策。为了能更好地保障村民的民主权利，在莲都区民政局、黄村乡党委的大力支持下，“阳光票决”体系创新 7 个票决程序、推出 3 种议事模式、健全 3 条监督机制，逐步落实村民决策的权利。除此之外，紧跟时代潮流，转变数字赋能治理新模式，开发“阳光票决”管理系统，莲都区所有单位和村民都能在线查阅有关事项票决流程、结果及执行情况，实现群众问题反映一键通达、过程可追踪、结果可查询，解决了外出村民无法现场参与村级重大事项决策等难题。

### （二）严格治理水库环境，打造美丽生态

黄村乡黄村村作为丽水市区主要饮用水源黄村水库所在地，如何治污控污是黄村乡必须解决的难题。为聚焦农业面源污染防治，着力源头

管控、生态修复、长效防护三大重点，全力守护丽水市区人民饮用水安全，黄村乡组织了专业测绘人员，全面摸清隐患地块底数，以土地经营权集体流转的形式将土地进行集中管理，除了村干部外，还邀请侨胞侨属、商会成员、知名乡贤等具有较高威望的人员参与动员工作。目前，黄村乡正在黄村水库河口建设37亩集中式饮用水水源地生态修复及缓冲带建设项目，在严溪沿岸受损河漫滩建设生态缓冲拦截区，提升河流生态缓冲带的养分截留、污染物拦截、水土保持和生物多样性维持等功能，系统构建河流水生态安全格局，并出台《优化黄村乡绿色发展生态奖补机制》，根据水质检测结果发放奖补资金，让群众对护水治污工作有实感、能认可、同参与。

### （三）创新产业模式，发展美丽经济

黄村乡池岭村因独特的地理优势，有着丰富毛竹资源。制作毛竹脚手架片和种植高山蔬菜是池岭村村民的主要经济来源，但因毛竹脚手架片需求量少，很多村民都选择外出务工、经商增加收入。为了充分将毛竹资源转化为经济资源，吸引村民回乡就业，2021年3月，全村180多户2 200多亩竹林流转给村集体，5月，村集体与丽水丽合竹制品有限公司成功签约。竹林流转项目成功签约后，每年为每户村民增加15万元左右的租金收入、为村集体增加将近5万元的经营性收入。截至2021年，已成功兑现336户2 238亩毛竹流转资金15.66万元，促进全体村民年增收百万余元，成为当地村级增收典范。除外，黄村乡金鸟村和汇村村联建200亩生态茶园建设项目已基本完成土地流转工作，每年可增加村集体经营性收入8万元。

### （四）聚焦乡村旅游，共创美丽生活

黄村乡黄泥墩村严溪河畔的碧水湾，被誉为“莲都的雅鲁藏布江”，交通便利，区域优势明显，为助力乡村经济发展，提升居民生活水平，“梦里水乡欢乐谷”和碧水湾游乐场项目陆续建成。依托其良好的生态资源，凸显丽水市独特的自然风貌特色和中药文化内涵，“梦里水乡欢

乐谷"项目通过整合国际高端医疗健康资源，构建预防、保健、诊疗、治疗、康护、护理和调养全周期康养链条，打造集科学康养、生态休闲、文化体验、研学教育和观光度假于一体的国际一流康养旅游产业示范基地。其可以极大地丰富莲都区的旅游产品体系，提升居民生活质量，促进周边区域的经济社会发展。除此之外，为打造一个集旅游、休闲、度假、娱乐于一体的乡村旅游综合体，黄泥墩村在碧水湾景区建造了一个集水上乐园、皮划艇、滑滑梯、沙滩摩托、露营、烧烤、柴火灶等于一体的游乐场所，截至2022年，景区累计接待游客6万余人次，实现总营收200余万元，直接带动本村民宿、农家乐经营收入60万元以上，每年为村集体增收25万元。不仅当地居民的生活水平得到了大幅提升，周边居民也从中受益颇深。

## 二、"三美融合"助力乡村振兴取得的成效

"千万工程"实施的20余年里，黄村乡紧扣"三美融合"的发展理念，黄泥墩村在"阳光票决"和党建引领的基层治理模式下，各项事务票决赞成率达100%、满意率达99%，群众集体上访的现象早已成为过去式；村民积极参与村中事务，干群一心，碧水湾和欢乐谷景区等项目也为其带来了收入的数倍增长。另外，池岭村不再焦灼于毛竹资源的问题，黄村村整治水库环境，村容村貌焕然一新，从"脏乱差"跃升为"绿富美"，美丽生态、美丽经济、美丽生活的发展脉络在黄村乡充分显现。

### （一）凝聚民心民智，干群隔阂消失

黄村乡黄泥墩村在"阳光票决"的基层治理模式下，凡是经过票决的事项，未发生一起群体性上访事件，因村级事务发生的集体访悬崖式下降，社会变得更加和谐，村民有了主人翁意识，干群关系进一步融洽，凝聚力进一步增强。2021年，黄村乡黄泥墩村更是入选全国民主法治村、全国乡村治理示范村、全国村级议事协商创新实验试点单位。莲都

区也相继出台了《关于推广“黄泥墩经验”加强基层社会治理的实施方案》《莲都区规范提升村级事务阳光票决制十四条意见》等政策文件，建立了一套基层治理规章制度。莲都区“村级事务阳光票决制”入选2019年浙江省法治乡村实践优秀案例、2021年民政部全国基层治理创新典型案例，相关经验多次被中央、省级主流媒体刊载，形成了一套可借鉴、可复制的基层民主治理模式。

## （二）村庄面貌焕新，生态环境改善

坚持统一标准、公平执法、干部带头，黄村乡黄村村拆除违章建筑万余平方米。与此同时，老街路面、墙面、背街小巷得到了整治提升，不再有随处可见的“赤膊墙”，道路都有了路灯，一改之前昏暗的景象，村民散步纳凉也有了娱乐休憩场所和安全保障，多个景观小店和多处花坛实施了绿化建设。另外，黄村村水库生态复合湿地采用堰坝引水工程将水流引进湿地，通过系统种植能够充分吸收有机、有害物质的本地种木本、草本植物，将溪水中的农业污染物转化为生物质资源，形成控污有效、生物多样、环境优美的生态湿地系统，不仅修复了原有的污染影响，还美化了村居环境，生态环境改善的同时，居民的生活水平也得到了提升。

## （三）村民增收致富，“绿叶”蜕变“金叶”

通过党支部引领，带动村民发展产业，助推乡村振兴，实现共同富裕，黄村乡村集体账户资金实现了百余倍增长，带动当地民宿、农家乐、农产品销售收入翻倍增长。碧水湾景区不仅解决了黄泥墩村50%闲置劳动力的就业问题，还带动部分村民自主创业，在家门口吃上“产业饭”。其自运营以来，每年为村集体和乡强村公司增加经营性收入43.5万元，向消薄联建村集体固定分红25万元，为本村固定分红18.5万元，并辐射带动本村农家乐、民宿增收80余万元，助推了“方记土面”“郑村白茶”等一批周边特色农产品销售，成为村集体增收、村民致富的活力引擎。搭乘“海宁—莲都”山海协作机制东风，碧水湾沙滩旅游项目成功申报"海宁—莲都"乡村振兴示范点建设项目，获得100万元对口支援资金，提升了碧水湾景区的整体品位，同时也解决了村里剩余劳动力的就业问题，每年可以为黄泥墩村增加16万元的收入。"梦里水乡欢乐谷"三期的建设，因其作为城东枢纽节点能有效产生辐射效应，带动周边旅游项目的开发，使市区东部形成旅游项目群。

## 三、"三美融合"助力乡村振兴取得的启示

如何由"问题村"蜕变成"文明村"，如何让基层治理更有效，如何将家门口的"资源"转化为口袋里的"资源"，如何实现"三美融合"发展，黄村乡的实践经验对实现乡村振兴和共同富裕有着极大的借鉴意义。

### （一）消除干群隔阂，坚持党建引领

有隔阂的干群关系是乡村发展的巨大隐患。"阳光票决"使村级大大小小事务由村民说了算，村民有了知情权与决定权，将村中的各项事务当成自己的家事对待，群众信任恢复是走向富裕的前提。为了基层治理更加和谐、高效，应坚持党建引领的原则，跟随乡村发展的"排头兵"，同时，各村村干部应落实为人民服务、让人民当家做主的原则，深入农户、广泛吸收群众意见和建议，不做让群众寒心的事情，群众反对的和不理解的决策应耐心解释和劝导并寻找弥补方案，努力做到干群一致、发展一心。村务公开要在收集群众意见、建议基础上，由村党支部进行集中梳理、分析、研究后，再提出村里要解决的重要事项和票决方案，参与度是村民能真切感受到当家做主的标准。

### （二）优化生态环境，转化绿色资源

"绿水青山就是金山银山"，良好的生态环境是乡村发展的前提。从"脏乱差"到"绿富美"，黄村村的发展经验深刻体现了环境对于乡村振兴的重要性。各村应聚焦环境污染源防治，着力源头管控、生态修复、

长效防护三大重点，从根源解决环境污染，大力引用技术，突破生态修复难题，同时坚持环境防护，避免生态环境受到二次破坏。生态资源是乡村振兴的一大优势，各个乡村应充分利用家门口的绿色资源，而建造旅游产业是将“绿叶”转化为“金叶”的不二选择。要充分了解当地的环境优势和资源优势，并将两者进行整合，以打造出当地独特的旅游产业。一直以来，黄泥墩村村民以传统农业种植为主，村集体收入低，借力碧水湾项目，村里整合200亩闲地种植杨梅、柑橘、桃子，吸引游客体验采摘。“梦里水乡欢乐谷”项目则充分融合了当地地理环境及医疗资源，打造了一个独特的康养修护旅游胜地，既有当地特色，也避免了同质化。

### （三）出台优惠政策，发展乡村特色

农业产业是乡村经济的基础和支柱，因此，加大对农业产业的政策扶持是促进乡村振兴的关键。黄村乡重点支持打造以水资源利用、农产品加工为主的符合水源区要求的产业体系。以郑村白茶为引领，依托严乌片区农民手工制作土面的传统，打造“方记土面”品牌，带动严乌村周边50多户农户一同生产。与此同时，为保证有充足的发展动力，应着力打造乡村特色，黄村乡将打造“一带、一路、一心、两翼”的发展新格局，进一步凸显“信孝之乡、山水黄村”品牌。连点串线发展乡村旅游；以白茶、土面产业为特色，同时大力推动高山田螺、果蔬等产业发展，打造一批高山特色农旅基地，开发“黄村有礼”、黄村“孝礼包”等系列农特产品。

# 何家乡："四片绿叶"串联共富果实

常山县何家乡位于钱塘江上游，东连辉埠镇，西北与开化县交界，境内长约 10 公里被纳入"衢州有礼"诗画风光带，涉及何家、樊家、江源、钱塘、黄冈、长风 6 个村，人口近万人，素有"一江（常山江）、一山（黄冈山）一湾（月亮湾）"一说。近年来，何家乡立足"生态立乡、绿色崛起"发展理念，依托诗画风光带建设为契机，以"四片绿叶"（青大豆、食用竹、茶叶、辣椒）生态产业为主抓手，通过建强组织机构、培育多元主体、推动全域融合，探索出一条"支部联盟 + 集体联企 + 基地带农 + 企业带货"的"两联两带"生态共富新路径，强力推进"宰相故里 · 圣境何家"建设。2021 年，何家乡入选年度浙江省美丽城镇建设样板创建名单，全乡"四片绿叶"总产值为 2.34 亿元，带动本乡 3 000 多名农户人均增收万元以上，持续为山区县乡村引入新资源、新业态、新活力，不断拓宽乡村融合发展的共富之路。

## 一、发展"四片绿叶"的主要做法

何家乡境内有丰厚的生态资源，下辖各村在利用集体智慧的基础上群策群力，找准乡村共富的切入点和发力点，兴办各村的特色生态农业，凝心聚力画好共富同心圆。乡村振兴与农村人居环境整治持续推进，何家乡正在奋力闯出一条让村民走向共富的光明大道。

## （一）青大豆喜变“金大豆”

何家乡的青大豆经销商不仅收购本地散户种植的青大豆统一加工销售，也从外省收购仓储青豆荚，整合以老年人为主的在家闲散劳动力发展剥豆加工产业。2022 年，近 10 位何家乡“乡贤经销商”，向本省和江苏、湖南、广东等省销售豆肉约 7 000 吨，年销售额达 1 亿多元，仅剥豆荚一项，就带动本乡及周边的同弓、球川、辉埠、华埠和青石等地 2 000 余户农户增收，户均年增收近万元。大量孤寡老人、留守妇女、低收入农户等加入全县剥青大豆加工链，每人每天至少有四五十元的劳务工资。小小的青大豆不仅让地方闲置劳动力就业，更带动了村集体和经销商形成共同抱团发展模式，通过优势互补，实现产业共赢共富，华丽蜕变为共富“金大豆”。

## （二）食用竹化身“富贵竹”

何家乡江源村将原本时常受到常山港涨水破坏的荒滩改造为具有高营养土质的食用竹种植土壤，早年从安吉县引入白哺鸡竹笋，后来又种植早雷笋，成功转型发展食用竹种植产业。当地采取了强村公司模式，由种植大户指导带动农户参与食用竹种植，村集体协调土地资源并和种植大户一起谋划销路，通过“村集体 + 村民”的合作模式，让竹笋走向杭州、温州、义乌，以及上海等地。2021 年，江源村的竹林规模发展到了 3 000 余亩，全村 700 余户村民中有 90% 以上的农户种植了食用竹，当年全村产量近 150 万千克，产值达近 3 000 万元。依托这片“富贵竹”，江源村成为远近闻名的“富豪村”，同时被评选为浙江省兴林富民示范村和森林食品基地。

## （三）茶叶香远飘“共富路”

何家乡的茶叶基地在多位乡贤联合带头创办家庭农场的背景下得以建立，基地由农场投资，何家乡部分村联合投资建设厂房并出租，获取租金收入，低收入农户参与茶园茶叶采摘、日常管理，以“家庭农场 +

消薄＋扶贫"三位一体的模式形成"共富茶园"，推进乡村产业高质量发展。其中，最为有名的两座茶叶基地分别坐落何家乡一南一北，渐有"北白茶、南银毫"之称。北面的白茶基地占地约 1 000 亩，共种植茶苗 350 万株，品种主要为安吉白叶一号、黄金芽、黄金叶等；南面的银毫凰岗茶园，360 余亩的茶叶林主要种植鸠坑种与翠峰，年产大宗茶叶 10 000千克、茗茶 4 000 余千克。2022 年，两个茶园生产白茶、绿茶共 3.2 万千克，产值 750 余万元，发放工资 550 余万元，带动 1 200 名农户季节性增收。

### （四）鲜辣椒切入"渔文化"

何家乡是常山县鲜辣美食的起源地，近年来长风村以"文旅＋鲜辣＋产业"的模式，把"渔家乐一条街"改造提升作为"鲜辣"文化切入口，持续推动居民创收能力提升。为了打响"鲜辣"这张名片，长风村于 2022 年 8 月开始改建鲜辣工坊，乡妇联主席带头组成辣椒酱制作团队，把"冷资源"变成"热产业"，打造纯手工制作、无添加剂、独特口感的明星产品——长风鲜辣酱。该团队通过新媒体组成"线上＋线下"的模式进行销售，每年可带动村集体经济增收 5 万余元。利用"微改造、精提升"的契机，长风村使"渔家乐一条街"日餐饮接待能力由原来的 1 000 余人提升到现在的 1 650 余人。目前，长风村有 54 家渔家乐，年经营额达 4 800 余万元，辣椒酱年销售 3 万多瓶，销售额达 100 余万元。

## 二、发展"四片绿叶"取得的主要成效

何家乡深入推动"四片绿叶"产业链条延伸，在三产融合的基础上健全利益联结机制，促进企业和村集体联合走向共富。在打造更多应用场景的同时挖掘其文化价值，使当地民众对"四片绿叶"共富产业认同感日益加深。

## （一）产业链条延伸，三产融合全域旺

何家乡通过完善“四片绿叶”产业布局和功能定位，发展壮大产业集群，实现“一产带三产，一核多点”的产业布局。深入开展产业提质、增效、赋能三大行动，申报“一份常礼　何你心意”“定阳豆”等特色品牌，探索形成资源入股利润分配机制，拓宽粗加工覆盖面，实现第一产业和第二产业深度融合。目前，改良食用竹基地500余亩，新增优质茶叶苗200余亩，与浙江省农业科学院意向合作建设20余亩青大豆和50亩食用竹试验田，全乡85%以上常住人口参与剥豆加工链。在第一产业和第二产业与第三产业的结合上，突出“竹海踏浪”“禅茶一味”“渔舟唱晚”三大特色板块，聚焦农文旅融合，以诗画风光带为轴线，打造竹海景观塔、茶文化创意园等20余处景观节点。截至2022年，已接待游客15万人次，带动旅游经济收入1 200万元。

## （二）企业联村带富，共建共享解难题

何家乡聚焦企业、村、农户共赢目标，以产业链延伸为纽带创新机制。一方面，建立健全利益联结机制，依托一级经销商销售网络，打通“四片绿叶”销售链条。如，江源、樊家、何家三村联合成立常山县廉竹文化旅游产业发展有限公司，与两家一级经销商签订合作协议。另一方面，村集体助企纾困，围绕“四片绿叶”基地建设，统筹资金建设一批基础配套设施项目。以强村公司盘活土地资源，基地提质、扩量，同步开展劳务对接、招商对接、品牌推广、技术培训等服务。目前，已经统筹“两山转化资金”550万元，建设冷库1 000平方米，待投入使用后将转租给经销商，解决本地无大型仓储的困境。

## （三）民众广泛参与，文化浸润入人心

何家乡依托未来农村社区建设，围绕“一桌宴席、一台戏曲、一场赛事、一个基地”四大主题，打造“四片绿叶”应用场景。结合黄冈万寿16道素食宴市级非遗，挖掘“四片绿叶”清廉饮食文化，融入《清

简樊莹》戏曲体验。聚焦“一老一少”服务，联合敬老院、小学、幼儿园组织专题赛事、农耕研学。目前，已开展剥青大豆比赛 2 次，300 人次参与，开展挖笋、采茶等研学 3 次，100 人次参与。在第五个中国农民丰收节到来之际，常山发布了“何家共富”的“何豆豆”“郏小笋”“宫小茶”“富娇娇”四宝玩偶形象，四个何家乡农特产品标识依次代表青大豆、食用竹、茶叶、辣椒产业。“何家共富”的“四宝”组合深受当地民众喜爱，成为何家乡“共富经”中浓墨重彩的一笔。

## 三、“四片绿叶”发展的启发与思考

何家乡的实践为乡村实现共富做了一系列探索，提供了可借鉴的启发与思考。实现共富要在坚持科学调查的基础上，因地制宜建立特色产业，发挥党组织引领作用的同时调动群众自主积极性，促进乡村经济的可持续发展。

### （一）科学找准定位，化资源劣势为共富优势

各乡村发展主导产业不仅可以借助已有的资源优势，也可以通过科学调查将原本的劣势条件转化为能创造经济价值和生态价值的优势条件。最典型的例子是江源村种植食用竹产业的成功转型。过去，江源村土地常被洪水淹没，种粮困难使土地大量抛荒。常山县林业部门、江原村“两委”干部到安吉县考察后引进了一批食用竹，昔日荒滩被改造为具有高营养土质的食用竹种植土壤，有效盘活了土地，显著增加了村民收入。

### （二）党建引领组织是经济发展可靠的动力源泉

何家乡通过组建“四片绿叶”党支部产业联盟、共富小组，成立“经销商 + 经纪人 + 农户”共建共享共富网格，吸纳了各村村党支部书记、种植大户代表、核心区龙头企业负责人和辐射区经销商、优秀经纪人发挥集体智慧共议难题，改变了何家乡的经济面貌。在乡村共富的发

展道路上，党建对组织的引领作用将是不竭的动力源泉。

### （三）群众自主积极性是共富事业最坚强的后盾

除了发挥党组织的引领作用，何家乡乡贤以及广大村民也在共富事业中凝聚合力，共同促进产业的升级发展。例如，黄冈银毫茶园便是以乡贤王长法带头，借多位乡贤“联手”帮助，在量生产、深加工、广营销三方面各抒己长，共同谋求打响黄冈绿茶品牌。此外，村集体和经销商的合作模式极大调动了村民参与产业链条的自主积极性。老龄劳动力足不出户，只需将送上门的青大豆剥好，每天固定有人收取、称重，并现场结算工资。便利的条件以及收入来源的稳定为村民带来了幸福感和投入共同富裕建设的热情。

# 第六篇 治理有效与未来乡村

# 博儒桥村：创建乡村振兴“四共四筹”机制

共同富裕是富裕基础上的共享，富裕是基础，共享是目标。共同富裕的实现是全体人民追求协同统一、统筹有序的致富过程，落点在全体人民协调一致的行进步伐中。2004 年，海宁市周王庙镇博儒桥村是一个经济薄弱村，村集体经济收入只有 9 000 元，而到了 2022 年，村集体收入已达到1 008万元、村集体资产达 2.5 亿元、村民人均收入为 50 116 元。从昔日贫困村到如今全国文明村的华丽蝶变，正是源于博儒桥村自创的“党建统领·四共四筹”机制。2004 年至今，在村党委的坚强领导下，全体村民共商筹智、共建筹资、共管筹治、共富筹心（“四共四筹”），通过资本、土地、环境、民心“四个经营”，不断将农村集体资源变资产、资金变股金，推动老百姓“口袋富”与“精神富”协同发展。博儒桥村先后获得全国文明村、全国民主法治示范村、浙江省新时代美丽乡村精品村、浙江省绿化示范村、浙江省森林村庄、浙江省 3A 级景区村庄、浙江省 2021 年度美丽宜居示范村等荣誉。

## 一、创建“党建统领·四共四筹”机制的主要做法

博儒桥村聚力“一统三化九场景”，围绕产业、特色化治理应用场景的建设，深化“共商筹智、共建筹资、共管筹治、共富筹心”的“党建统领·四共四筹”机制，发动全民参与，组建强村公司投资共同富裕

产业，探索“一地三金”[①] 模式，助力建设共同富裕基本单元。在众筹发展中，实现了从“一个人”到“一村人”的共同富裕。

### （一）共商筹智，谋产业“金点子”

村民是村居环境的直接获益者，对于村庄发展拥有更多切身的想法，所以村庄的建设发展应当充分汲取群众的智慧。博儒桥村依托老干部会议、户长会、网格民情分析会等载体，充分发挥党员群众智慧，聚焦产业发展，挖潜村级资源，收集到“强村公司”“农业标准厂房”“农业直播中心”等众多“金点子”。在这些共商的会议中，村“两委”与群众充分沟通交流，让群众明白了打造美丽乡村不仅是基层组织的行为，更是村民的事，推动了村民参与集体商量，一道出谋划策。博儒桥村正是以群策群力的共商筹智理念推动了众多产业发展“金点子”的产生与发展。

### （二）共建筹资，拓发展新渠道

积土成山，风雨兴焉。在集体经济发展中，积少成多，则共同富裕“兴焉”。博儒桥村的快速发展离不开全体村民启动资金的积聚，聚沙成塔，最终反哺农户，实现了互利共赢的双向循环。一是“口袋公园”的普及。博儒桥村共有 150 户农户出资、600 多户农户无偿提供土地，建成 19 个“口袋公园”，实现村庄保留点全覆盖，真正把公园搬到了村民的家门口，极大增强了村民的幸福感。二是“共富大棚”的建立。博儒桥村聚焦“扩中”“提低”，以强村公司成立为契机，以党建共富联盟为主线，以“共富大棚”产业为纽带，筹集各类闲散资金以拓展渠道促发展。由“村集体 + 农户 + 低收入农户”共同出资建设“共富大棚”，发动全村农户为“共富大棚”筹资 2 000 万元，投资建设 86 亩现代农业大棚，投资周期 3 年，每年为投资农户提供 10% 的固定收益回报，每年共

① “一地三金”指将土地全面利用起来，“三金”指的是土地的租金、工人的薪金和集体的收益金，这样一种打造共同富裕示范区的种植发展模式。

分红200万元。博儒桥村村集体经济的蓬勃发展，彰显了全域谋共建、累积助增收的力量，汇集闲散的农户资金成功地推开了共同富裕的大门。

## （三）共管筹治，便群众优服务

村庄的长效发展有赖于一套严谨有序的治理体系。凭借制度体系方能凝聚各方力量，落实干部责任，团结民众，激发乡村发展的内生动力，实现村庄长久持续的发展。博儒桥村建立健全“网格连心、组团服务”制度，发挥网格员内的联村干部、村干部、党员的“老娘舅”作用，及时听民声、解民忧、破难题。一是惠民的考核服务。以加强党员教育和管理为突破口，通过党员骨干“双关联”考核机制、“众管微治”积分考核等办法，依托“八必访八必报”机制，畅通党员群众交流渠道，及时帮助群众解决困难问题，实现群众有事找党员，党员反馈找组织，用“给力”的服务供给“力挺”党员。二是便民的设施服务。村服务中心设有爱心驿站、众管微治室、民心学堂等设施，干部贯彻“群众电话一打，干部服务到家”的理念。三是利民的“四事干部”。在博儒桥村的办事大厅中，墙体上写着“躺着想事、走着找事、坐着议事、跑着干事”“今天再晚也是早，明天再早也是晚”，以诸如此类的干事理念和激情为民众提供高效便捷的服务，极大提升了民众的满意度。

## （四）共富筹心，聚全村共富裕

筹智、筹资、筹治的最终目的皆是筹心，只有心往一处走、力往一处使，村庄发展的合力才能更加强大，从而带动不同群体、不同产业的协调发展。一是照顾不同群体。共同富裕道路上难免涉及对相对弱势群体的帮扶救助，帮扶的要素可以是资金、平台、设备等。一方面，提供资金援助，与海宁农商银行建立战略合作关系，为全村农户授信，同时为低收入农户提供“共富贷”，在增强村集体经济的基础上，为村民提供更多的致富机会。另一方面，完善就业平台，村庄为“低收入”家庭户就业搭建平台、引进现代化农业企业，解决周边50多户农户的就地就业问题，辐射带动周边5家农业企业的共同发展。二是兼顾不同产业。

博儒桥村创新载体、为民干事，促进一二三产业融合发展，结合农耕文化展览、田园风光观赏，全方位、多角度满足市场需求，带动农民发展致富。通过全方面挖掘村庄的潜在价值，将村庄的价值效用最大化，为村民打造一个丰富多样、和谐宜居的生活环境，增强村民的幸福感与获得感。

## 二、“党建统领·四共四筹”品牌取得的主要成效

在“党建统领·四共四筹”品牌的推动下，“博取众长儒家风范”的博儒桥村名声大振，吸引了众多来自全国各地的人学习参观；而对于村庄自身的发展而言，村集体经济收入、产业项目不断壮大，村里的凝聚力、村民的幸福感不断增强，村庄稳步迈向共同富裕。

### （一）村集体经济显著壮大

在“党支部＋企业＋强村公司＋农户”的模式下，博儒桥村村集体和村民实现了抱团发展。同时，“共富大棚”项目提供固定就业岗位35人左右，促进周王庙镇相关产业发展带动就业200人左右。2022年，博儒桥村实现村集体经济收入达1 008万元、经营性收入超500万元、农民人均收入达50 116元、村集体资产达2.5亿元，村内生动能稳步增强。

### （二）村产业项目持续拓展

博儒桥村“两委”高瞻远瞩，十分重视村产业项目的开发，明确产业定位，打造未来农业产业。具体而言，一是筑巢引凤，创高地。博儒桥村对接国内实力企业，谋划农业建设项目，力促农业高质量发展。在民心学堂东侧建设86亩数字化农业工厂——“共富大棚”。以“共富大棚”基地为抓手，招商引资现代化农业龙头企业——江苏绿港现代农业发展股份有限公司。二是平台搭建，助发展。博儒桥村发挥龙头企业牵引效应，吸引周边合作社和家庭户加盟或入股经营带动多个小园区的发

展，联动周边金辉果蔬、星火葡萄等，提供现代化农业生产设施和技术支撑，带动农民、合作社和生产企业共同发展，培育壮大特色产业集群，种好共同富裕“摇钱树”，从而促进一二三产业渗透融合，同时为周边群众提供就业岗位，推动集体经济从“保底型”向“发展型”转变。

### （三）村里凝聚力不断增强

博儒桥村突出党建统领作用，完成28个村民小组全民众筹共富投资强村公司户长会签约率达90%，截至2022年，851户农户已完成出资，第二轮83户农户也已完成出资，两轮共筹资1 940万元，助推自治、法治、德治、智治“四治融合”乡村治理模式的形成，进一步凝聚了党群、干群合力。

### （四）村民幸福感稳步提升

博儒桥村深化“党建统领·四共四筹”品牌机制，发动全民参与，农民参与从“少数”到“多数”，发展成果从“部分享”到“人人享”，强村公司、“共富大棚”项目在做大村集体经济蛋糕的同时，也带领中低收入、“夹心层”农户共同致富，真正达到了“共富筹心”的目的，丰富了“四共四筹”的机制内涵，迭代升级“四共四筹”机制的品牌。

## 三、创建“党建统领·四共四筹”品牌的启发与思考

博儒桥村的实践，众筹是推动当地发展的一张金名片，同时村庄发展离不开村“两委”的坚强领导、群众主体意识的挖掘、产业体系的配套完善等。村里开展任何工作，党员、干部和群众都能积极参与其中，已经探索形成了一套具有博儒桥特色的“党建统领·四共四筹”机制，闯出了一条可学习、可复制、可推广的村级发展共同富裕的路径，为共同富裕建设作了有益的探索，提供了很好的经验与启示。

### （一）村"两委"干部是定基导向的关键要素

村的发展方向、行进速度等规划都取决于掌舵人，即村"两委"的决策。博儒桥村的村"两委"拥有远见卓识，具体体现在：一是村起步阶段的选择。博儒桥村起始发展极其不易，起初村庄面临两个发展选择，一块地直接获取 100 万元的收入或者自主安排土地的使用。而村"两委"选择了后者，将土地出让，掘到了"第一桶金"，用于村工业园区建设，而后才有了每年 80 多万元的标准厂房出租收入。二是村发展模式的摸索。村"两委"具有大胆创新的意识与魄力，创新发展模式，克服重重阻力，因地制宜。结合"四共四筹"模式，组建强村公司，投资现代化农业项目——"共富大棚"，通过现代企业治理结构开展运作，推动公司化运作、市场化经营，像经营企业一般治理村庄，因地制宜构建了符合自身和市场要求的运行新机制。

### （二）群众力量是村里办事的重要基础

村庄的主人翁便是村民，只有将村庄的主动权交给村民方能真正激发村民的内在自觉意识，由衷支持村庄的建设发展。实现共同富裕的最大难点和最艰巨任务在农村，应始终坚持把群众参与、群众受益作为发展壮大村级集体经济的出发点和落脚点，既做大"蛋糕"，又分好"蛋糕"，推动集体经济可持续发展。博儒桥村通过组建强村公司，依托产业支撑，发动全民参与筹资建设，同时关注低收入群体，为低收入农户提供"共富贷"，消除了村民"等、靠、要"心态，将资金、资源、人力要素优化整合，壮大村集体经济，充分利用了群众力量，从而实现了共同富裕。

### （三）产业支撑是强村富民的动力源泉

乡村共同富裕建设需要聚焦主导产业培育，实施"农业+"行动，加快培育乡村新产业、新业态、新模式，实现有人来、有活干、有钱赚。博儒桥村推动"招商引资""招才引智"，通过强村公司投资江苏绿港现代农业发展股份有限公司，建设数字化工厂，培育果蔬产业和产业体系，辐射带动周边产业联动发展，实现一二三产业融合发展，为村庄长远可持续发展提供了不竭的动力源泉。

### （四）组团发展是传递共富的优质模式

博儒桥村在自身进步的同时不忘带动周边的连带发展，积极宣传自身的致富秘诀。博儒桥村发挥名师效应，通过“导师帮带制”“强村带弱村、先富带后富”组团发展模式等制度优势，坚持以工促农、以城带乡，打造百花齐放红色“朋友圈”。博儒桥村作为“盟主”单位，村党支委书记为其他联盟成员上课，用家乡话、老乡情传授村庄建设的好经验，传递共同富裕的“金点子”。在传授过程中，既是在宣传“党建统领·四共四筹”的乡村品牌名片、增强博儒桥村的知名度，也是在助力更多的乡村走上共同富裕之路。

# 枫源村：以“枫桥经验”推进乡村治理现代化

枫源村位于诸暨市枫桥镇东南部，枫桥江上游，与赵家镇相邻，距镇中心2.5公里，由大竺、大悟、泰山三个自然村合并而成。作为“枫桥经验”发源地，近年来，枫源村坚持以新时代“枫桥经验”为引领，以党建聚人心、示范促发展，深入践行新时代群众路线，把“枫桥经验”运用到村庄治理的方方面面，迭代升级“三上三下三公开”（即收集议题环节：群众意见上，干部征求下的“一上一下”；酝酿方案环节：初步方案上，民主恳谈下的“二上二下”；审议决策环节：党员审议上，代表决策下的“三上三下”；表决结果、实施方案、测评情况全部公开）民主决策机制，率先推行村级社会组织“5+X”[①] 标准化建设，创造性实施综治网格智治管理，试点应用“浙里兴村治社”场景，建成村级社会治理工作站，切实打造了乡村治理的“枫源模式”。枫源村荣获全国先进基层党组织、全国议事协商实验试点行政村、浙江省民主法治村、浙江省善治示范村、浙江省综治工作先进集体、浙江省全面小康建设示范村、浙江省美丽乡村特色精品村、浙江省未来乡村等荣誉。2020年，枫源村村集体经济收入达268万元、村民人均收入为4.32万元，是新时代“枫桥经验”在美丽乡村建设中的实践缩影。

---

① “5+X”中“5”指构建乡贤参事类、平安巡防类、乡风文明类、志愿服务类、矛盾调解类5类基础型社会组织，“X”指因村制宜培育“X”类个性化社会组织，打造村级社会组织“5+X”标准化体系。

## 一、践行新时代“枫桥经验”的主要做法

枫源村始终把坚持发展“枫桥经验”作为政治使命，同呼吸、共命运，把“传家宝”守得牢牢的、把红旗举得高高的。坚持夯实基层党组织，把群众路线走得更深、更实、更稳，与时俱进、开拓创新，不断为乡村治理提供枫源样本、枫源智慧，实现长治久安和经济发展。在发源地枫源村，“枫桥经验”正绽放新的时代光芒。

### （一）坚持民主，探索民主治村新机制

枫源村始终坚持党建统领，勇于探索、敢于实践，不断总结提升，实现了“矛盾不上交、服务不缺位、平安不出事”，提炼出乡村治理的“枫源模式”。“村里任何事情的决策，都应该由群众一起来决定，而不是由村干部来决定。”在推进民主治村的进程中，村党总支部依靠和发动村民参与决策，创造性深化“五议两公开”①，探索出“三上三下三公开”民主治村机制。真正做到民主决策、民主监督、民主评议，最大限度保障村民的权利，调动了村民主动性，实现村里做事情、群众都了解、大家都满意。多年来，枫源村始终保持“零信访”“零刑事案件”的记录，成为邻里纠纷不出组、大小矛盾不出村的先进标兵。

### （二）融合科技，探索农村综治网格化

21 世纪初，枫源村党总支部就率先开展农村综治网格化的探索实践。自 2008 年起，创新实施“支部建到网格上”，把全村划分为 3 个网格，成立 7 个网格党小组，配备 3 名专职网格员。借助基层治理信息平台采集、流转和处理村内各类信息，实现村内民生事务、大小纠纷第一时间快呼应、有服务、能解决，让乡村治理走上了数字化、智能化之路。

① “五议两公开”中“五议”指村、“两委”负责人建议，村党支部会提议，村、“两委”会商议，党员大会审议，村民代表会议或村民会议决议；“两公开”指决议公开、实施结果公开。

农村的治理融合了科学信息技术，使综治网格化显示出强大的社会治理功效，实现了社会管理体制的革新、管理效果的提升。

### （三）深化“三治融合”，调动村民共建热情

“三治融合”的“三治”是指自治、法治、德治。群众自治是基础，法治建设是保障，道德建设为支撑，只有将三者完美结合，才能真正将乡村治理落到实处。2017年，枫源村率先建立村级社会组织“5+X”标准化体系，组建了“红枫义警”“乡风文明理事会”“乡贤参事会”“枫桥大妈”等11个功能型社会组织，其活跃在矛盾纠纷、治安巡防、文明实践、乡村振兴等方方面面，为村庄的发展、稳定和文化建设提供了大量有效的“草根方案”，更为村民带来了丰富多元的服务。同时，枫源村党总支部借鉴党员先锋指数考评体系的经验，创设“我爱枫源积分银行”，推出包括垃圾分类、志愿服务等在内的五项“存款”业务，标定“利息”和兑换办法，有效调动全体村民参与村级发展建设治理的热情，让共建共享、人人参与不再成为“空话”。

### （四）经济、文化两手抓，传承“枫桥经验”

枫源村坚持把村集体经济作为助力基层治理的基础，用经济实力的发展证明“枫桥经验”的可行性，提升“枫桥经验”的品牌效应。一方面，打好绿色发展牌。20世纪90年代以前，枫源村“靠山吃山”借助开采高岭土矿产资源，矿产集体经济收入年利润超过100万元。2005年开始，枫源村积极响应号召，果断摒弃“竭泽而渔”的错误发展方式，关停全部矿山，实施复绿工程，“保山护山”复绿400多亩。鼓励农户将零散土地向规模化、集约化流转，实现集体和村民双增收。另一方面，探索实施“红色+文化+旅游”发展模式。精心打造“枫桥经验”学堂，对内凝聚共识，提高村民认同；对外推广治村经验，集聚八方人气。主动带领村民融入“枫桥经验”红色研学旅游路线开发，引进旅游公司、党校等合作伙伴，培育乡村讲师，开办农家乐、农家民宿，建成2个特色农副产品销售点，“一站式”提供集成服务。

## 二、践行新时代“枫桥经验”的成效

枫源村坚持发挥党组织战斗堡垒作用，以党建聚人心、以示范促引领，大力培育村级社会组织，引导参与乡村治理，探索新时代群众路线的实践形式，将新时代“枫桥经验”贯彻到各个方面，为枫源村注入新想法、新活力。

### （一）经济效益得到实现

在“枫桥经验”的引导下，枫源村“两委”坚定实施复绿工程，鼓励农户将零散土地向规模化、集约化流转，全村 1 300 多亩土地集中流转、统一经营，增加集体经济 1 000 多万元，实现集体和村民双增收。广植梧桐树，自有凤凰来，2018 年枫源村获评浙江省首批 3A 级景区村，成功引进 1.3 亿元乡村旅游战略投资，一批精品项目纷纷入驻，走上了乡村旅游推动乡村振兴的道路。同时，枫源村探索了红色旅游的发展道路，促进红色研学旅游道路上“枫桥经验”的融合，创造出独具风格又具传承意义的经济发展方式，为村集体经济带来良好的收入。目前，月均接待参观学习团队 105 批次，年接待超过 3 万人次，年均为村集体创收达 60 余万元。

### （二）社会效益得到提升

从曾经的基层民警到退休后专事调解，杨光照是新时代“枫桥经验”的忠实践行者，也是其发展见证者。2010 年，本该退休的杨光照在派出所和群众的挽留下，与几位退休干部成立了——“老杨调解中心”，专门从事矛盾纠纷化解工作。“老杨调解中心”正是诸暨市发展新时代“枫桥经验”的实践成果之一。截至 2022 年，该中心调解矛盾纠纷 3 100 余起，调解成功率达 97% 以上。大量功能型社会组织的成立，为村民提供多样化服务，促进乡村发展和文化建设完善。“乡风文明理事会”推动“移风易俗”、商定“红白喜事”新标准，2020 年为村民节约开支达

30多万元；通过成立村级关爱基金，乡贤、党员干部、村民纷纷助力，为弱势群体提供力所能及的帮扶。“枫桥经验”使村民矛盾大部分能在源头得到解决，大大缓和了社会矛盾，促进邻里关系和谐、团结。

### （三）生态效益得到改善

在枫源村，占地80余亩的休闲旅游中心——靖昀山庄已初具雏形，目前正在进行绿化工程及周边配套设施建设。2005年开始，在枫源村党总支部的号召下，党员主动带头、村民积极配合，果断摒弃“竭泽而渔”的错误发展方式，关停全部矿山，实施复绿工程，“保山护山”复绿400多亩。同时，村“两委”因势利导进行农业产业结构调整，鼓励村民流转土地，把复绿的矿山转租出去，已累计吸引了1.3亿元投资。发现红色旅游业收入可观后，枫源村也坚定了发展“红色旅游”的决心，促使枫源村不断完善基础设施，加大环境卫生整治力度，兰花基地、跑马城和露天影院营地等项目接踵而来，也为村集体年均增收60余万元。

## 三、践行新时代“枫桥经验”的思考

“枫桥经验”在发源地枫源村，不因时间流逝而消减，在实践中不断汲取智慧和力量。枫源村在探索如何运用和发展新时代“枫桥经验”上发挥了很大的示范作用，用活“枫桥经验”，做到强村富民，实现村集体和村民利益共赢。同时，立足红色资源、生态资源优势，激活乡村发展潜力，推动乡村振兴和共同富裕建设。

### （一）充分挖掘地方特色红色资源，促进产业链完善

枫源村作为“枫桥经验”的发源地，对枫桥经验有着独特的了解和深入的探索。精心打造的“枫桥课堂”，让“枫桥经验”从实践走向理论，以便更好地在大众中得到有效传播。丰富的文化内涵和实践经验给予更多地区治理基层的参考样式，所以到枫源村考察、借鉴的团队络绎

不绝。因此，枫源村更应做到因地制宜、因时而需地传播当地特色红色理念，完善相关产业链发展，从文化方面着手，促进“枫桥经验”向外辐射，带动周边地区经济、理念发展。

### （二）坚守发展为了人民的社会治理理念

枫源村村“两委”班子干部与群众接触最直接、最密切，村“两委”班子的责任就是要凝聚人心，根本目标是为人民群众谋求利益和提供服务。枫源村在乡村治理中提炼出来的“矛盾不上交、服务不缺位、平安不出事”的“枫源模式”，是为了发挥集体内协调的能力，减少“矛盾上交”的数量，但其本质还是为人民群众服务。在具体工作中，更要切实做到真情关心群众疾苦，将大众的安危冷暖时刻挂记于心，勇于疏导缓解矛盾关系，坚持凝合集体，向“团结、友爱、互助、进步”的集体环境发展。村干部一心为民的思想深深感动村民的同时，也能调动村民的主动性，积极为村集体做事。

### （三）激活生态资源，推进乡村可持续经营

枫源村放弃挖掘矿产资源的“竭泽而渔”的发展方式，转而向开发生态资源发展绿色经济转变。经过不断的努力，枫源村也取得了相应成果：入选省级美丽庭院特色村、以“书香枫源”为主题创成美丽庭院245户及连片示范带20处。同时，积极推进国家级森林村庄建设，以“壮士断腕”的决心关停域内全部矿山，引入3 500平方米屋顶光伏项目，布设共享电动车及3个公共充电桩，实现“高效节能、绿色环保”低碳生活。枫源村应坚持复绿工程的实施，激活生态资源，促进产业生态化、可持续化，推进村集体经济的繁荣发展，绘就高质量“枫源式”未来乡村画卷。

# 李家村："李家播报"助力乡村振兴

"把新闻发布开到村里，把新思想讲进百姓心里，把矛盾化解在沟通里。"2018 年，海宁市启动新时代文明实践中心建设试点工作，许村镇李家村始终坚持"高标准、高效率、高质量"，理论结合实际并不断创新，开创社区治理的新形式"李家播报"，即其由村委会向村民现场播报大小新闻事件和各类惠民利民政策等。"李家播报"实践品牌推动文明实践深入人心，文明风尚浸润暖心，充分激发村民参与村中事务的积极性。目前，"李家播报"已经成为"播报 + 沟通、活动 + 教育、线上 + 线下、思想 + 信息"四位一体的社区治理新载体，不仅畅通了权威信息传送渠道，搭建了村民交流平台，更为重要的是让村民参与社区治理。李家村曾先后被评为全国民主法治示范村、浙江省先进基层党组织、浙江省景区村庄、浙江省高标准农村生活垃圾分类示范村等。

## 一、"李家播报"助力乡村振兴的实践

李家村以"党建引领、全民参与、数智赋能、美丽普惠"为指导思想，以实现"农业高质高效、乡村宜居宜业、农民富裕富足"为总体目标，聚焦"三强""三美""三富"① 等中心重点工作，积极带领村民群

① "三强"指组织强、治理强、产业强；"三美"指生态美、人文美、和谐美；"三富"指集体富、农民富、精神富。

众开展创建“三星级共同富裕村”工作。

### （一）党建引领，筑牢战斗堡垒

党建工作至关重要，各级组织务必抓好基层党建，以党建引领基层治理，把党的领导贯穿基层治理全过程。自创建以来，李家村实施班子队伍建设三年行动计划，聘用中国社会科学院专家，建立李家村“乡村共同富裕研究实践点”，打造国家级“乡村共同富裕”外部专家智库，深化共同富裕和乡村振兴的理论认识，以领跑者的定位为高起点进行顶层设计。同时，夯实共同富裕网格体系建设，将全村划分为 4 个大网格、28 个微网格，每个微网格设置一名微网格长和微网格员，强化“网格连心、组团服务”体系的带富能力，构建了一支推动发展强、带富能力强的双强型党组织队伍。

### （二）数智赋能，驱动基层治理

李家村大力推行“五筹”[①] 理念、“四治融合”和协商治理机制，依托“李家播报”“共富夜校”“老杨舒心调解队”等载体，推动基层治理民主化。“李家播报”聚焦于党中央指示、会议精神和热点时政要闻，围绕群众关心的重要事项，充分发挥村民的主体作用，让村民参与协商讨论，推进社区治理共商共享。另外，李家村集成式数字治理平台——“智慧李家乡村大脑”，于 2023 年设计完成，统筹涵盖了垃圾分类、美丽乡村、民情走访、网格治理等栏目。该平台以“万物联网”为基准，实现了市域治理、乡村运行管理过程中的部门联动、业务协同和指挥一体，是李家村探索新型数字化治理模式的生动实践。

### （三）产业升级，壮大集体经济

李家村致力于推进现代农业经营体系建设，发挥新型农业主体在土地流转、农业经营过程中的主导作用。2021 年，李家村完成“非粮化”

① “五筹”指共商筹智、共建筹资、共享筹劳、共管筹治、共富筹心。

腾退工作，全力推进“路相连、渠相通、涝能排、旱能灌”的高标准农田建设500余亩，开展现代化水稻种植。2022年4月，李家村立足生态优势，抓好共富产业建设，流转150余亩土地，创新引进“稻虾共养共富”养殖基地项目，每年每亩产生经济效益1.2万元。此外，李家村依托共富夜校，与海宁皮革城直播基地结对，开展直播培训，助力家纺产业转型升级，增强产业带货能力，带动村民收入提升。直播培训班自2022年开设以来，已开展两期，共12堂课，惠及村民360余人次。

### （四）村民互助，弘扬共享精神

党的二十大报告提出采取更多惠民生、暖民心举措，着力解决好人民群众“急难愁盼”问题，扎实推进共同富裕。为适应新形势、新要求，2022年，李家村以村民互助为原则，志愿服务为纽带，正式将李家村文明银行改名为李家村“益家人”基金，以共富结对、志愿服务的公益事项为抓手，激励党员、群众参与共富乡村建设。所有参与志愿者队伍的成员还能获得相应的“益家人”积分，自2019年开展文明积分兑换，5年来村民共获得积分10万余分，如捐赠文明积分至“文明爱心驿站”，所有捐赠积分兑换的物品将直接用于帮扶困难群众。通过这样的“循环式”公益、“共富型”基金机制，不断激发村民参与文明实践的热情，构建文明规范引导体系，推动李家村打造“三星级共富村”的目标任务落地落实。

## 二、“李家播报”助力乡村振兴取得的成效

李家村围绕产业振兴的重点，以“李家播报”助力乡村振兴为抓手，推动乡村振兴和共同富裕建设，不仅增加了村集体经济和农民收入，而且带来了显著的社会效益，改变了农村的发展环境和乡村治理方式。

### （一）集体经济壮起来

近年来，李家村积极探索“飞地抱团”强村富民模式，与邻村联盟

村共同成立“联李抱团”项目，通过园区优势出租收益增收 150 余万元，同时探索“共富菜园”“共富工坊”等模式不断拓宽农户增收渠道。村集体经济收入从 2018 年的 305 万元上升至 2022 年的 511 万元，累计上升 67.5%。同时，村集体经济收入主要集中在土地流转收入与租赁收入，2022 年两项收入占总收入的比例分别为 54.8% 和 39.1%。2023 年，通过“稻梦空间”项目，将文化古迹、历史故事、乡村产业与现代旅游业相结合，打造集“研学、观光、旅游”于一体的旅游区域，并结合现代化水稻养殖项目，盘活当地特色农业，为村集体经济增加收入。

### （二）村民口袋鼓起来

近年来，李家村完成 19 户低收入家庭扶贫增收项目，实施“暖巢行动”，完成适老化改造，有效解决低保户住房保障问题，通过实现实时管理，发挥网格长（员）作用，大幅提升特困人员、低保户生活保障水平。同时，李家村引进“稻虾共养”项目，总投资 100 万元，通过产业的规模化、集约化带动农民就业，激发乡村发展内生动力，参与杨渡光伏项目，为低收入农户每年增收 1 000 元。并于 2023 年建设完成李家村游客接待中心，结合稻虾丰收开展稻田文化节，带动文旅产业的兴旺，鼓励产业园区内企业开设公益岗位，助力低收入人群、困难家庭增加收入。农村居民人均收入从 2018 年的 40 461 元上升至 2022 年的 57 730 元。

### （三）农民精神优起来

2021 年至今，李家村不断实行文化礼堂“智慧化”管理，依托五星级文化礼堂，组织开展了各类群众喜闻乐见的新时代文明实践活动 200 多场次，极大地丰富了村民的精神生活，让村庄文化“富”起来。2021 年李家村开办“共富夜校”，3 年来开展党建党史、时事政治、农业技术、健康养生、日常生活知识等培训、讲座 200 余场，惠及群众 10 000 余人次。2021 年，成功创建智慧体育圈，依托“社区运动家”，将 15 分钟运动圈辐射全村，“运动有去处，人人皆管理”模式蔚然成风。2023 年，李家村巩固创新“李家播报”这一新时代文明实践品牌，开通直播渠道、短视频播报，并组建了“文明有李”“平安李家”“家闻天下”“悠悦乡村”“文化有约”5支播报团，涵盖党员、微网格长（员）、妇女代表、退役军人等播报员125人。截至2024年，“李家播报”已开设直播5次、发布作品34个、浏览人数近20万人次、粉丝近万人。李家村始终让村民以主人翁的姿态参与文明实践工作中，将“家”的理念植入文明实践蓝图中，实现社会力量的凝聚力和向心力，打造了一个有温度的村庄。

### （四）村庄环境绿起来

李家村始终围绕“三星级共富乡村”总目标，按照“三清六整两提升”的要求，构建“村在林中、院在绿中、人在景中”的生态格局。自2021年申报“三星级共富乡村”以来，李家村逐步推开“美丽河湖”“骆阳花港”“稻梦空间”“共富路”“道路白改黑”等工程，建设资金共计3 000余万元，实现“碧水绕村”，完成“江南美窗口”。特别是南朱家堰港，随着河道综合整治项目的启动，从以前的“黑臭河”摇身一变成为一条人人称赞的“美丽河”，圆了朱家堰村民的美丽乡村梦。李家村依托“把家安在花园里”的庭院理念，紧紧抓住“家庭”小单元，写好优美庭院大文章，以“外有故事，内有景致”为总目标，不断发挥村民的主观能动性，推动优美庭院提质扩面，提档升级。李家村2021年的“优美庭院晒一晒”、2022年的优美庭院组级擂台赛和人居环境争先赛等活动，共计辐射11个小组、670余个家庭，成功整治房前屋后乱堆放200余处，创建优美庭院示范户481户，占到全村农户的70%。

## 三、“李家播报”助力乡村振兴的启示

李家村在基层党组织的带领下，充分发挥政策引导，实现产业升级，将数智技术和现有乡村治理手段有机结合起来，推动乡村振兴和共同富裕建设，为新时代乡村建设做出了有益的探索，提供了丰富的经验和启示。

### （一）乡村振兴靠队伍

打赢脱贫攻坚战后，“三农”工作的重心历史性转移到全面推进乡村振兴，而建强农村基层党组织，成为做好这件事的关键一环。无论是发展产业，带领大家过上好日子，还是加强和改进乡村治理，维护好农村社会和谐稳定，都需要农村基层党组织发挥战斗堡垒作用，以党建引领，绘就乡村振兴新蓝图。李家村建立“书记抓全面、两委班子带微网格长、微网格长领群众”的工作机制，创建工作沟通协调、跟踪调度、典型宣传等工作流程，及时跟踪调度进展情况，做到目标明确、责任到人。正是有了李家村基层党组织发挥的战斗堡垒作用，广大基层干部才能茁壮成长，李家村才能够从贫困薄弱村跃升成为集体经济强村，基层各项事业发展才能凝聚起强大合力。

### （二）政策扶持稳环境

政策扶持和资金投入是乡村振兴的重要保障。李家村在美丽乡村建设财政投入资金方面，主要集中于道路建设、水利设施和河道整治等基础工程。通过政策支持和资金投入为产业发展创造良好环境，优化“稻虾共养共富”项目，引导产业升级发展，从而带动了村集体经济和农民收入不断上升。因此，必须在以市场为主体的前提下，发挥政府这只“看得见的手”的作用，对乡村资源进行整合，健全乡村振兴多元化投入机制，不断充实财政优先保障、社会积极参与的多元化投入格局。

### （三）产业升级促经济

产业振兴是乡村振兴的重中之重，也是实际工作的切入点。李家村在扛牢粮食安全政治责任的基础上，以创建“三星级共同富裕村”为抓手，通过创新引进“稻虾共养共富”养殖基地项目和助力家纺产业转型升级，着力壮大村域、集体、富民“三种经济”，进一步拓宽农民增收致富渠道。

### （四）数智治理树标杆

数字化日益成为推动城市乡村发展的重要力量，也是高质量发展的重要课题。“李家播报”作为李家村的品牌载体，从一方讲台将共富村创建讲进百姓心里，到一个话筒将共富理念深入田间地头，再到一场直播让全民创新成为常态，始终以“群众当家作主”为根本，激活群众智慧，建设共富家园，将数智技术和现有乡村治理手段有机结合起来，从而进一步发挥数智技术在乡村治理中的优势。

# 寀卢村："寀卢经验"的实践启示

寀卢村地处东阳江和白溪江交汇的三角洲冲积平原，属东阳江盆地的腹部，地势平坦，三面环水，环境优美。在农业产业化发展过程中，寀卢村建成了"路成框、田成方、渠成网、树成行"的现代农业基础设施。为解决一家一户购买大型农机难和农机使用效率低的问题，在土地使用权不变的前提下，寀卢村成立农副业发展服务公司，由该公司购置大型农业机械设备，将全村 1 200 亩耕地划成若干组，统一机耕、统一植保、统一收割、统一收费、统一管理，进行规模化经营，既提高了生产效率，又解放了劳动力。以机械化作业为起点，持续发展规模化经营、社会化服务，改善了农民种田不划算的问题，极大地调动了农民的种粮积极性。在东阳市，寀卢村为率先完成了由传统农业向现代农业转型的村庄，形成了以"农技 + 农机 + 社会化规模服务"为主要内容的"寀卢经验"，实现农田园林化、经营规模化、耕作机械化。在集体经济发展、农民增收的基础上，不断调优农业生产结构、建好工业园区、抓好旧村改造、加强精神文明建设，积极探索"党建 +"的发展模式，深化"寀卢经验"。从 2003 年到 2022 年，寀卢村民人均年收入由 8 000 多元增加至 8.2 万元，村集体经营性收入从 70 余万元增长到 425 万元，村集体经济总收入突破 1 020 万元。寀卢村先后被评为浙江省全面小康示范村、省现代农业示范园区、省美丽宜居示范村等，2021 年寀卢村党委书记、村委会主任卢阳春荣获"全国优秀党务工作者"称号。

## 一、新时代“衆卢经验”的实践

“衆卢经验”的发展是一个不断深化完善的过程。进入新时代，“衆卢经验”的内涵进一步深化，其核心理念拓展为“党建引领、科技赋能、共创共富”。

### （一）党建引领

进入新时代，衆卢村党委始终坚持以强化基层组织建设为工作重心，团结带领广大村民，在集体经济发展、乡风文明建设、基层治理、智慧乡村建设、共享田园打造等方面起到了重要作用。

一是做好组织工作。从20世纪90年代开始，衆卢村坚持村“两委”交叉兼职，书记、主任“一肩挑”，对党员进行分类管理，组建了一支精干高效的村级队伍，切实提高了村党组织的凝聚力、战斗力。同时，推出以班子建设“梯队法”、党员管理“分类法”、村务决策“五议法”、联系群众“包联法”、乡风培育“践诺法”、共同富裕“帮促法”为主要内容的党建工作“六法”，不断增强村党组织的组织力、凝聚力，衆卢村日益焕发出新的生机。

二是聚焦群众需求，做好服务工作。衆卢村干部自1996年起便不再设专门办公室，而改为轮流到村党群服务中心一层坐岗值班，全天候为村民服务。目前，衆卢村可代办17项便民服务，包括水电燃气费缴纳、新农合医疗保险费代缴等，年均代办服务群众事项2 000件次以上，基本实现村民办事不出村。

三是做好表率作用。衆卢村逐步确立了“汇心声、定议题、征意见、严监督、做决策”的“五步法”，形成了“有事多商量”“定了就干，干就干好”的良好氛围。近年来，依托“五步法”进行决策的土地流转、“共享田园”建设、精品村创建等近百个项目，无一引发信访。

## （二）科技赋能

2003年，时任浙江省委书记习近平调研寨卢村时指出，“寨卢村是农村抓党建的先进典型。‘寨卢经验’的可贵之处在于与时俱进”。在新时代，寨卢村以数字化转型为契机，在便民服务、基层管理、智慧农业、乡村旅游等领域积极应用5G等新技术，探索大数据应用场景，成为农业农村领域新技术运用的“排头兵”。

一是生产技术从“机械化”向“数智化”转变。过去，在实现农田标准化建设的前提下，寨卢村大力推动农业机械化，使农业生产水平得到了极大提高。如今，借助物联网技术，寨卢村建立了“智慧田园”，实现了在土地管理、农产品质量追溯等方面的数字化管理，进一步推动了农业生产的标准化、智慧化、精准化。

二是治理方式从“粗放型”向“数字型”转变。过去，村务管理、人员监督仍依赖人力，治理方式仍停留在“刀耕火种”的原始时期。如今，寨卢村建立起覆盖全村的监控体系和中央指挥系统，研发出集农业大脑、数字寨卢、智慧规划、农房建管、便民服务于一体的5G大数据智能运营中心——“智慧寨卢云平台”，进一步提高了村庄的生产、生活服务的便利性，为现代乡村治理、现代农业发展注入强大动力。以科技赋能农业，实现了在线监测农田病虫害、气候变化、水肥一体化等情况，并进行及时的科学干预和调整，农业的经济效益和管理效率进一步得到提升。现寨卢村主要农作物良种覆盖率达98%以上，1 200多亩水稻种植全部实现全流程机械化，耕、种、收综合机械化率达到100%。

三是旅游服务从“人工式”向“智能式”转变。过去，游客到达村庄后，需自己四处找店解决吃饭、住宿、停车等问题，费时费力。如今，寨卢村上线“寨卢一码游”平台，涵盖村内景点、美食、单车租赁等各类信息，实时发布动态，推动实现“一码在手，畅游无忧”。

## （三）共创共富

进入新时代，寨卢村党委始终牢记发展依靠群众、发展为了群众、积极推进农村集体经济实现由做小变做强、由发展变共建、由长效变可持续，通过创新生产经营方式、创建美丽共享田园、发展壮大村集体经济，走出了一条具有自身特色的共创共富道路。

一是发挥土地流转作用，扩大村集体经济收益。过去，棠卢村土地分散，加之农业生产服务需求不等、技术水平不齐，导致效益不尽如人意。如今，棠卢村鼓励农民流转闲置土地，引入专业化的经营主体进行规模化经营，创造了可观的经济效益。村内 1 850 余亩土地实现统一流转，流转价格最高达 1 308 元/亩，是周边村庄的 2 倍多。

二是推动产业对接，提高产业附加值。通过打造棠卢村统一农产品品牌——“棠卢严选”，切实提高产业附加值，“棠卢严选”现已涵盖 43 类 473 种商品及服务项目。农产品用的什么种子、什么时候种下、什么时候收割、产量多少等农产品所有信息都有据可查，产品品质有保障，让消费者吃得放心、吃得安心。除线上订单外，棠卢村还开展线下同步销售服务。村里的大米、水蜜桃、对虾等农产品通过线上、线下同步销售，农产品总产值和利润分别增加 15% 和 21%，为村集体增收 280 余万元。

三是人居环境从“宜居”发展为“共享”。过去，棠卢村抓住创建产业特色精品村的契机，打造了一个村美、人和的特色宜居村。棠卢村 1 850亩的“共享田园”基础配套设施基本建成，成功与外来企业签订产业合作协议。“共享田园”建设在提高土地利用率的同时，更激发出乡村振兴内生动力。棠卢村投资 5 000 万元打造的“共享田园”，既“种粮食”又“种风景”，油菜、早晚稻一茬接一茬，紫藤长廊、樱花大道穿插其中。2022 年，棠卢村“共享田园”接待游客超 180 万人次，助推村集体经济收入超1 000万元，实现经营性收入 425 万元。据悉，棠卢村“共享田园”规划面积达 4 000 亩，包含水果采摘、休闲垂钓、欢乐农田等多个项目，集种植、观光、旅游于一体，内容丰富。吸引了大批游客前来“打卡”，节假日日均接待游客超 2 000 人次，每年为村集体增收 300 余万元。

四是注重民生福祉，推进共同富裕。过去，棠卢村农业、工业发展齐头并进，一部分农业大户和企业家先富了起来。棠卢村始终牢记发展依靠群众、发展为了群众，如今，寀卢村已形成独特的工业发展“反哺之道”，96家入驻村里的企业除了需要缴纳征地费，每年还要上交每亩1 600元的稻谷费，村里每年可获得收益200多万元。

### （四）联建奔共富

以“农技+农机+社会化规模服务”为主要内容的“寀卢经验”基本形成，东阳市正把这种可学习、可借鉴、可复制的做法推广到全市，持续扩大新时代“寀卢经验”示范带动作用。在城东、六石、南市、横店、南马、巍山、歌山和湖溪8个镇乡街道打造了8个示范型“共享田园”，占地总面积达1.33万亩。在此基础上建立了以寀卢、单良为核心的8村党建联建助共富机制，统筹2.3亿元资金建设农村综合改革集成项目，配套打造民宿、餐饮、研学等业态，带动徐田、东安等6个村集体年增收500万元左右。

## 二、“寀卢经验”的借鉴意义

凭借“寀卢经验”，寀卢村人均收入实现了质的飞跃，寀卢村也成为乡村振兴的样板村。新时代“寀卢经验”是加强农村基层组织建设、推进农业农村现代化、促进农民增收致富的成功实践，其中蕴含的创造精神、立场观点和实践价值具有很强的示范引领作用，并对其他村来说具有很强的借鉴意义。

### （一）建设精干高效的村级班子和执行有力的工作格局

寀卢村全面推行“村干部交叉任职、书记主任‘一肩挑’”的模式，对村“两委”班子进行合理分工，推动其高效运行，凝聚起干事创业的强大合力；采取“三级网格”建设，以“行政村—自然村—小组”三级网格体系，持续推进“大走访、大排查、大化解、大提升”专项行动，收集群众的意见和建议，然后集中力量处理，公开接受群众监督；推行分类议事决策，推行“周三集中办公”等做法，提升工作实效，落实

“公开唱账”工作法，以此来扩大社会监督，提高群众参与率。因此，要推进共同富裕建设，要把建设高效村级班子落到实处，真正严纪律、立规矩，加强与群众之间的联系。只有这样干部们才能不断提升能力水平，取得有效的工作成果，赢得群众信任，带领村集体不断取得成绩。

## （二）运用技术手段，发展现代农业，推动传统农业转型

东阳市以“规模化、科技化、品牌化”为总目标，推动农业生产方式向集约化、智慧化转化。寀卢村抓住机遇，积极打造“共享田园”，应用数字化技术管理田园，让美丽建设从村里延展至田野，将村庄的人居环境提升与现代农业、休闲观光、文化旅游有机融合。同时，按照“三生三园三合”总要求，加大产业项目招引，规范日常运营、维护，做强“共享田园”品牌，努力把田园建成优质农产品供给地、农耕文化体验地、乡村旅游目的地、影视外景拍摄地，探索农旅融合的东阳模式。因此，要实现乡村振兴，就要积极推动农业技术发展，加快农业物联网、大数据、智能装备等现代技术与农业生产有机融合，结合当地特色，有计划地推进农文旅融合发展，因地制宜发展休闲农业、观光农业。

## （三）发展壮大集体经济

东阳市充分发挥国有企业优势，整合优质资源支持乡镇街道成立强村公司，同时大力发展特色产业，提升村集体经济“造血”功能。除此之外，自2020年开始，东阳市全面启动“两进两回”“十百千万”行动，通过三年努力，力争10亿元资金投农村、百项技术进农村、千名乡贤回农村、万名青年做“三农”，激发乡村发展活力。所以，要想振兴农村经济，就要注重发展壮大集体经济，政府应根据当地优势，因地制宜发展特色产业，以此来壮大村集体经济，为乡村振兴注入鲜活的动力。

## （四）加强精神文明建设

精神文明建设是乡村振兴的必由之路，寀卢村党组织每月开展至少3场党的创新理论、党史学习教育等宣讲活动，持续深入学习上级各项

精神，力求真正做到"学深悟透、学思践行、学以致用"；成立"东阳马生·寮卢宣讲队"，定期开展"田间宣讲"。宣讲全国两会精神、党的二十大精神、党的创新理论解读等时事新闻，引导广大群众争做社会主义核心价值观的坚定信仰者、积极传播者、模范践行者。近年来，寮卢村"两委"始终把新时代文明实践站作为创建文明村的精神文明主阵地，每月开展文明实践活动 8 次以上，获村民一致认可和好评。所以，加强精神文明建设，充分发挥好村文化礼堂的功能，将其从单一的文化活动载体转变为普及科学文化、弘扬文明新风、传播传统文化、村中谈事议事的主阵地，不断丰富村民的业余生活和精神文化生活。与此同时，加大宣传力度，例如开展宣讲活动、举办参观展等，将村民和村组织紧密联系在一起，共同为乡村振兴贡献力量，丰富物质的同时也丰富精神。

# 达塘村：创建党建联盟的效应

习近平总书记指出："党政军民学，东西南北中，党是领导一切的。"推进国家治理体系和治理能力现代化，基层治理是关键，必须发挥村"两委"的作用。常山县新昌乡达塘村因为地处偏远，交通、产业基础条件差，是常山县典型的山区薄弱村。2017 年，在新一届村"两委"带领下，创建"天天早起、事事争先、年年攀升、人人追梦"的"早上好"兴村品牌。通过"早上好"精神引领，达塘村聚人心、强治理、兴产业，发挥党建联盟的作用，探索出一条党建引领共同富裕的新路径。据统计，2022 年达塘村的村集体经济收入达到 150 万元，接待游客 1 200 多人次，带动农民增收 76 万余元。达塘村获优秀党支部、市级文明村、五水共治工作先进村等荣誉称号。在浙江省高质量发展建设共同富裕示范区最佳实践（第二批）名单中，常山县擦亮"早上好"兴村品牌，打造山区共富样板先行实践地成功上榜社会主义先进文化发展先行示范。"早上好"《书记讲给书记听》乡村治理教材入选中组部全国优秀媒体课件。

## 一、创建党建联盟的主要做法

### （一）抱团联建，塑造凝聚力

达塘村主动开展抱团联建，融汇多方的优势，塑造了一股齐撰共富篇章的凝聚力。一是"三塘"初组合。达塘村联合黄塘村、郭塘村，组建“三塘”党建联盟，推出“景区＋花海＋研学”组合发展模式，带动两个村集体经济增收200余万元。二是10村齐联盟。释放“早上好”品牌效应，邀请全乡10个村成立“早上好”共富党建联盟，统筹调动土地、资金、人力等要素资源。三是结对互帮扶。借力山海协作、结对帮扶契机，合资建光伏、联手种丝瓜、聚力代加工、抱团搞经营，促进千人就业。“早上好”的兴村品牌还走到省外，帮扶常山县结对扶贫的四川省平武县冠名“早上好”品牌销售蜂蜜，演绎了“一起向共富”的动人故事。达塘村的“早上好”品牌并非局限一村，而是不断扩展延伸，凝聚力逐渐形成，以“一村富”带动“村村富”。

### （二）打造品牌，提升竞争力

市场的竞争归根结底是品牌的竞争，只有将产品赋予品牌价值，才能够提升其在市场中的竞争力，赋能村庄实现更加良性有益的发展。达塘村坚持“党建品牌化、品牌经营化”理念，深挖“早上好”品牌价值，孵化多元产业。达塘村通过流转全村域300余亩荒田，打造“早上好小白”茭白产业基地，带动村集体增收100万元，实现“一根茭白”撬动“一个市场”。同时，成立达塘早富贸易有限公司，开发蜂蜜、高粱酒、山茶油、会务服务等“早上好”系列产品，带动村民增收200余万元，实现“一个公司”带富“一方百姓”，真正实现了以新思想引领新面貌、以产业振兴助力乡村振兴。

### （三）家风治理，激发战斗力

一个村庄要想拥有不可撼动的战斗力，其核心要素在于村庄的治理水平。达塘村坚持党建统领，以人为本，将“家文化”在乡村治理中赋予新内涵，探索形成以村务大家议、村事大家干、村风大家树、村福大家享为主要内容的“家文化”乡村治理新模式。一是家风文化活动多。在达塘村清廉长廊，“晒家风家训、讲家风故事、评最美家人”等清廉“家文化”系列活动经常开展。达塘村深入挖掘本地廉洁文化内涵，将清廉“家文化”内容融入“早上好”支部书记研学基地，不断传播廉洁家文化。二是村“两委”干部办事勤。“村事即家事”，达塘村村“两委”以“大家庭”理念为做事原则，实行“腿勤、嘴勤、手勤”的“三勤干部”“评比晾晒”机制，通过“承诺公开、实绩公示、村民公评、结果公告”四个流程，村“两委”干部同台“评比晾晒”，让全体村民当“考官”，促使村干部严格遵守党纪法规，主动服务群众，扎实为群众办实事。三是村庄邻里风气好。针对邻里纠纷“老大难”问题，达塘村牵头推出了“家事评理堂”，由群众担任“公证员”、“两委”担任“裁判员”，矛盾双方“打开天窗说亮话”，有理无理大家评，让村庄实现了矛盾纠纷“事事有着落、件件有回音”。达塘村弘扬儒家思想中“家文化”的优秀传统，发挥“大家”的作用，并在平等、和谐、友善、民主、法制的价值观中找到现代乡村治理的践行路径，提升了村庄的基层治理水平与战斗力，使村民的获得感和幸福感日益增强，实现物质上充盈、精神上充实。

### （四）培训宣传，扩大影响力

酒香也怕巷子深，倘若缺乏足够的宣传，再有内核的村庄也无法为大众所知。达塘村村“两委”深知一个村庄的宣传力度会极大影响其影响力，在村庄蓄势待发之初，便已经开始筹备宣传村子的方式与具体路径。2019 年 6 月，达塘村被授予“党建治理大花园先锋战队”。2020 年，达塘村打造“早上好”支部书记研学基地，到 2022 年已累计吸引全国 20 余个省市超 10 万名学员前来培训，实现“一个基地”带活“一个产业”。达塘村村支部书记也到全国各地讲课，传播“早上好”精神，并将每年获得的授课费全部纳入村集体收入，实现了从“卖风景”到“卖精神”的产业发展的迭代。这一切荣誉都印证了达塘村将“早上好”精神与培训宣传事业的完美融合过程，也见证了达塘村物质和精神共同富裕的历程。正是有了村“两委”的远见卓识，达塘村利用培训推广展开宣传，既传递了共同富裕精神，又极好地扩大了村庄的知名度与影响力。

## 二、创建党建联盟取得的成效

### （一）创造了经济效益，增加了村集体的经营性收入

达塘村通过流转450亩土地发展茭白产业，挖掘出村集体经济“第一桶金”。2021年，茭白收入一年高达86万元，带动100多名村民在家门口就业，人才从“外流”逐渐到“回流”。每年茭白丰收季，村民通过采摘茭白，每天可收入180元以上。村集体经营性收入从2017年的零元增加到2021年的超百万元，还创造了一批岗位，实现村民家门口就业。而“早上好”已喊响全乡，争先创优的劲头托起一个个村庄，助推村集体收入的不断增长。

### （二）创造了激励效益，提振了村干部的激情动力

村庄要发展，就要改变村党员干部的精气神，“早上好”要求村干部无论何时都像早上一样，始终保持朝气和干劲，让“村里上班也有企业上班的样子”。“早上好”唤醒了党员干部的斗志，激发了广大村民的干劲，织就了农村大地的“共富梦”。“天天早起、事事争先、人人追梦、年年攀升”成为当下众多求变、求强、求富村庄的共同追求。

### （三）创造了共富效益，提升了村民的幸福感、获得感

达塘村通过高效的基层治理机制，为村民提供了一个温暖有爱的村居环境，村民的幸福感显著增强。一方面，达塘村建立“比拼赛马”“多劳多得、优绩优筹”工作机制，定期发布集体经济发展指标等任务书，充分调动村“两委”干事激情，实现了工作主动认领、成绩争先创优。另一方面，成立“早上好”共同富裕促进会，发动全民参与。探索了以“村务大家议、村事大家干、村风大家树、村福大家享”为主要内容的治村新模式，全村上下“天天早起、事事争先、人人追梦、年年攀升”，村干部和村民的凝聚力强，幸福感和获得感也不断提升。

### （四）创造了溢出效益，扩大了党建联盟的传播价值

达塘村把“早上好”品牌作为凝心铸魂的“主引擎”，持续坚持“事事争早、样样争先”的干事理念。建立“比拼赛马”“多劳多得、优绩优筹”工作机制，定期发布集体经济发展指标等任务书，充分调动村“两委”干事激情，实现了工作主动认领、成绩争先创优；成立“早上好”共同富裕促进会，发动全民参与；建立“早上好”讲堂，组织兴村（社会治理名师）、致富带头人等开展群众性培训，提振全村共谋发展、共同致富的精气神，以各种平台方式来推广品牌，提高党建联盟内外部的品牌知名度。

## 三、创建党建联盟的启示

达塘村的实践，为乡村基层治理的路径做了有益的探索，提供了很好的经验与启示。建设美丽乡村需要有领导干部的引领，充分发挥村干部和村民的积极性，因地制宜建立支柱性产业，激发村民主人翁意识，其产生的经济效益和社会效益，对各地如何更高效发挥党建联盟的作用、更好推进村集体经济的发展是有启发的。

### （一）村民参与是乡村充满活力的重要基础

乡村可持续发展目标的实现不仅需要政府、社会、企业协同发力，更需要激发村民参与意愿，充分发挥村民主体作用。达塘村村民深入参与茭白种植等环节，使产业焕发出活力，村集体经济从而不断发展壮大。壮大后的村集体形成了非常强的凝聚力，在村民中树立了威望，得到了村民的信任，让村民意识到建设村子就是在美化自己的家，形成了一个可以调动全村积极性的良性循环。“早上好”之所以变成一种激励干事创业的精神，靠的是党支部的带头示范，凭的是落实落细的任务分解，做的是群众看得见摸得着的实事，走的是共同奋斗、共同富裕的路子。干部尽心、群众走心，才能打造充满活力的美丽乡村。

### （二）“头雁”领导是保障基层治理的关键要素

2017年，在“两进两回”行动的号召下，达塘村村“两委”实现了成功换届。新一届村“两委”像经营企业一样经营村庄，紧扣“好学”“好吃”“好住”“好游”四大主题，以“天天早起、事事比拼、人人追梦、年年攀升”的“早上好”精神，带领全村上下开民宿、育桃林、种茭白、酿美酒、做培训。早的状态，就是争先；上的劲头，就是赶超；好的追求，就是事事好、人人好、村村好。正是村“两委”在实践中创造“早上好”精神，使得短短几年间，以达塘村为代表的位置偏远、基础薄弱的小山村，能够从矛盾村、落后村蝶变为明星村，助力乡村实现蜕变。

### （三）品牌设计是促进乡村振兴的动力源泉

常山县委、县政府坚持从乡贤中选拔优秀的年轻人充实村“两委”班子，提高了村“两委”的战斗力和在群众中的威望。村“两委”经过反复实践，最终选择了以“早上好”精神为龙头方向的发展策略。以一句简单的“早上好”提振干事激情，又提炼出以“天天早起、事事争先、人人追梦、年年攀升”为内涵的“早上好”精神，并从“早的状态、上的劲头、好的追求”三个维度，形成了一套可复制、可推广的品牌体系，继而孵化出系列品牌产品，推动共同富裕，生动讲述了“党建就是生产力、品牌就是生命力”的逻辑内涵，改变了乡村的面貌，振兴了乡村经济，这就是乡村振兴的动力所在。

### （四）抱团联建是放大品牌效应的共富模式

达塘村持续放大品牌效应，激发共富活力，寻求好模式、好载体来链接，使党建联盟成为通往共富的“桥”和“船”。达塘村站位全局，坚持以组织变革撬动抱团变革，通过组建片区联盟、全域联盟，推动全乡构建“区域统筹、资源整合、优势互补、共建共享”共富新模式，走出了一条独具辨识度的组团式、片区化共同富裕强村富民路。常山县新昌乡已将达塘村的成功经验向全乡推广，达塘村和全乡其他9个村共同成立“早上好”共富党建联盟，并组建“早上好”共富公司，大家一起谋划新思路，招引好项目。正是通过抱团党建联盟，使达塘村的共富经验得以复制、推广，助推更多的乡村振兴。

第七篇

# 公共服务与未来乡村

# 花园村：以公共服务提升助力现代乡村建设

“村名花园不长花，草棚泥房穷人家，种田交租难糊口，担盐捉鱼度生涯。”在20世纪七八十年代，东阳市花园村是远近闻名的贫穷村，整个村庄的人口不到500人，缺水缺地缺资源，交通、医疗、教育等公共服务业更是落后。通过40多年的努力，花园村奋起逆袭，走出了一条“以工强村、以商兴村、就地推动农村城市化”的共同富裕之路。花园村两次“一村并九村”，打造了“先富带后富、强村帮弱村”的发展模式，在村级层面率先走出了一条产村融合发展的高水平共同富裕之路，成为远近闻名的共富乡村、未来乡村。2022年，花园村实现营业收入655亿元，花园村集体实现营业收入398亿元，花园村个体工商户达2 950家，村民年人均收入为16.5万元，“全国名村综合影响力”排第二位。

## 一、现代乡村建设的主要做法

“进城一直是农村人的梦想，花园村让所有村民梦想成真。”为了融入城市化进程，花园村大力推进公共服务均等化，大力发展新产业，挖掘消费市场，将公共服务大类拓展到基础设施建设、教育、医疗、文化等，建成了省一级幼儿园、16年一贯制教育的花园外国语学校、二甲标准医院、可办理600多项事项的花园村便民服务中心，以及集购物、餐饮、娱乐等功能于一体的全国农村最大商业综合体——花园商业中心、浙江省村级第一高楼——花园雷迪森大世界，还建成了集治安防控、应急指挥、精细化管理等多种应用于一体的“智慧花园”，成为浙江省首批未来乡村。另外，花园村成立了全国首个村级市政管理委员会，设立矛盾调解工作室，以“小事一天内解决、大事三天内解决”的治理机制，实现40多年小事大事不出村、矛盾纠纷不上交、村民零上访。花园村一系列做法使其成为“村民比市民富、村容比城市美、生活品质比城市高、田园风光和城市文明高度融合”的村子，大大提升了村民的幸福感和获得感。

## （一）未来乡村：城乡融合一体化发展

1. 构建城乡融合的空间规划

花园村积极探索乡村规划，完成“三线一单”编制，确立“一核、一轴、四片”的空间结构，实现空间形态与地域特征、文化传承相衔接，并编制了《花园村村庄规划编制导则》，为特大村庄的乡村振兴建设提供示范指导。

2. 建设城乡融合的基础设施

花园村不断优化市政基础设施网络，建成文化礼堂、公园、图书馆等大型乡村配套设施，以及体育馆、篮球场等共17 400平方米的体育运动场所。全村全面布局数字基础设施，5G电信网络实现全覆盖。

3. 完善城乡融合的公共服务

提升改造医院、医疗服务站等公共服务设施，与杭州邵逸夫医院等合作，实现远程影像诊断，并定期邀请知名专家坐诊。高水准落实建房补贴、16年免费教育等多达31项生活保障福利，构建了“自主优先、人机互动、窗口托底”的基层办事模式，村民基本实现“办事不出村”“最多跑一趟”。

4. 健全城乡融合的善治体系

花园村建立了智慧花园未来乡村平台，引导村民参与农村垃圾分类、污水治理等环境整治的数字化治理中，创新打造“花园码”，实现一“码”治村。健全“小事当天解决、大事三天解决”的矛盾化解机制和

“一网覆盖、智慧联动、网格巡查”治理工作体系，实现全村域有效治理。

5. 开展城乡融合的集成改革

村内建立保障支撑体系，实施人才集聚工程，制订区域经济发展紧缺人才定向培养方案，设立人才相关福利政策，同时开展户籍管理改革，探索外来人口凭不动产权证在花园村公共户口落户制度，强化人才引进的配套设施保障。

### （二）幸福乡村：全力保障和改善民生

1. 村民生活方面

花园村持续推进村民共同富裕，在共建共享发展中继续走在前列。一是打造未来社区功能核心承载区，积极优化提升商业圈服务水平，利用信息化技术建立智慧安防系统，提高应对突发公共卫生事件能力。二是建设学习型社会组织，利用“花园大学”平台并结合线上、线下的培训新模式，开展农民数字化应用及各类经营管理等培训，提高村民素质，培育新型农民，实现村民向市民转变。三是进一步提升花园村各项福利，建立村民电子健康档案和社区家庭医生机制，健全重大疾病医疗保险和救助制度，改建完善 11 家居家养老服务中心。

2. 文化建设方面

花园村将加快公共文化数字建设，形成人人有责、人人尽责、人人享有的新型社区，挖掘花园文化，讲好花园故事，提升花园品牌。发挥中国农村博物馆、文化礼堂、新时代文明实践站等功能，建成浙江省“千万工程”展示馆，承办好第二十一届全国“村长”论坛，举办好每年一届的中国花园红木节、农民体育运动会及花园“村晚”等农村相关文化活动，同时拓展党建名村考察游等六大特色主题旅游，加快打造旅游品牌并争创国家 5A 级景区。

3. 生态文明方面

花园村将深入贯彻“绿水青山就是金山银山”发展理念，持续推进美丽花园村建设，积极打造美丽民居、美丽庭院、美丽街区、美丽社区、美丽企业、美丽河湖和美丽田园等系列“美丽工程”，持续深化环境污染防治，系统推进生态保护治理，推动产业发展绿色化，大力发展美丽生态经济，建设天蓝、地绿、水清的生态环境，构建宜居、宜业、宜游的城镇发展环境，将花园村打造成为乡村文明与城市文明高度融合的实践典范。

## （三）智慧乡村：公共服务数字化改革

浙江省自2020年全面部署数字化改革以来，花园村聚焦“智慧花园”建设，努力打造“未来乡村·共同富裕示范区”金名片，提升为民、利民、惠民、富民场景应用，普及智能化、科学化、精细化、高效化的数字治理模式，探索新时代的“花园经验”。

1. 实施战略合作

2020年7月，花园村与华为公司正式签订了战略合作协议，联合中国移动建设全感知、全联接、全场景、全智能的“智慧花园”项目，成为华为公司在全国乡村智慧园区布局的首个客户，致力打造全国智慧乡村示范样板。经过一年多时间的努力，花园村“智慧花园”项目就完成了“阳光村务”“共治共享”“花园码”“随手拍”“微心愿”“村友圈”“福利卡”“生活服务”等应用开发与测试，“浙里花园”App也成功上架各大应用商店，部分功能还入驻了“浙里办”平台，为花园村村民和员工的工作、生活、学习、娱乐、购物等需求提供了方便。

2. 建立乡村“大脑”

在花园村的数据指挥中心，有一块巨大的曲面屏幕，采用先进的三维地理信息系统（GIS）数字孪生技术，集治安防控、应急指挥、精细化管理等多种功能于一体。无论是交通事故、路灯故障，还是农业生产智慧化，村里的大小事务都能在“智慧花园”平台上得到直观呈现，从而为领导决策提供科学合理的依据，进一步优化乡村治理。在花园村现代农业生态园，村民可以直接通过手机“智慧农业云”平台，查看农作物生长状况，并进行各项操作，大棚温度、湿度、光照强度、土壤水分、养分及农作物的最佳浇灌、施肥时间都能以数据的形式呈现。据悉，花园农发公司的 2 座玻璃温室和 13 座塑料连栋温室，已安装 287 个传感器、37 个摄像头和 215 个控制设备。“智慧农业云”平台会根据实时数据，制订科学有效的种植方案，为农作物生长营造最佳环境。

依托“智慧花园”，花园村公共服务业务化繁为简，对接村务线上办理流程，建立高效便捷、传播面广、互动性强的村务公开网络平台，使村民在教育、医疗、交通、文化、休闲、养老、福利、就业、住房、物业等场景实现智慧化应用。

## 二、现代乡村建设的主要成效

### （一）村民福利在提升

花园村致力于为村民提供各项社会保障和福利，让集体经济的发展惠及全体村民。与其他村集体经济不同，花园村的集体经济基本用于保障公共服务和提供公共产品，而不是以简单的分红形式将钱分给村民。这一做法更好地发挥了村级组织提供公共产品和“兜底”社会保障的职能，既不缺位也不越位，让村民安全感、幸福感、获得感不断提升。花园村的社会保障和福利支出占集体经济支出的 20% 左右，主要包括村民医疗保险费、医药费优惠、子女读书优惠款、节日福利、困难补助等 31 项福利。村民拥有失地农民养老保险、新农合医疗保险、城乡居民养老保险三项保险待遇，可以在医保基础上再享受自费部分 50% 的医疗服务，以及村民子女 16 年免费教育制和每月向每位村民发放大米、猪肉、食用油。不仅如此，回村创业的博士生、硕士生、本科生每年分别奖励 5 万元、2 万元、1 万元。花园村优质的福利待遇是共同富裕在村民物质生活的直观体现，村民的生活福利随着村集体经济的发展而提高，共同富裕成果更多、更公平惠及全体村民，花园村在推动共同富裕的道路上取得了实质性进展。

### （二）公共设施在完善

花园村不仅在制度上保障村民福利，也在基础设施和公共服务设施建设上下了“真功夫”、花了“大价钱”。花园村集体经济支出中的60%—70%用于基础设施和公共服务设施建设，主要包括道路、桥梁、绿化卫生、景区、学校、菜市场等设施。花园村内一幢幢大楼让人仿佛置身城市，花园外国语学校、花园田氏医院、花园党群服务中心等便民服务设施一应俱全，花园雷迪森大世界、花园大厦、花建假日酒店、花园娱乐城、商业中心、游乐园等休闲娱乐场所甚至比部分城市更加丰富。其中，花园田氏医院是一家二级甲等医院，拥有床位500多张，解决了村民“看病难”的问题；花园外国语学校占地面积341亩，集幼儿园、小学、初中、高中于一体，解决了村民子女“上学难”的问题；花园村大楼内设有便民服务中心，是村民办理林产品开证、营业执照、户籍身份证等各类事项的场所，共计可为村民办理600多项事务，解决了村民“办事难”的问题。花园村虽然仍被称为“村”，但它的建设一点不比城市差，甚至在许多方面超越了城市，既有城市化的高楼大厦，又有乡村的自然景观，花园村作为“村市城”典范，展现了一条现代城市建设与传统乡村治理的独特道路。

### （三）村庄治理在进步

村民福利制度与基础设施完善的同时，花园村的治理模式也在朝着数字化、智能化、人性化的方向转变。花园村紧跟时代发展，利用“互联网+”技术打造一张覆盖全村的信息管理网，实现“一网覆盖、智慧联动、网格巡查”。“智慧花园”未来乡村系统以大数据和云基座为技术支持，以“东阳业务能力分平台”“东阳公共数据分平台”和“花园本地数字平台”三大平台为平台支撑，将花园村的产业情况、交通情况、居民住所、智慧党建、环境治理等方面涵盖在内，并通过“浙里办”“浙政钉”和“智慧花园”App直观展现在工作人员与村民面前。另外，花园村还成立了“乡村振兴+数字经济”研究院，努力探索乡村数字治理的新业态、新模式，在全国处于领先地位。花园村智能化和数字化的管理方式让村庄的治理更加有效、便捷，在科技加持下大大提升了工作人员的治理能力和治理水平，对村民生活、工作、就医等问题做到“全领域覆盖”“全过程追踪”“全方位解决”，做到“想村民所想，解村民所忧”，实现“最多跑一次”全面改革，切实履行为村民服务的职责。

## 三、现代乡村建设的启示

### （一）紧跟时代发展，壮大集体经济

无论是村民福利待遇还是村庄的建设都需要强大的集体经济的支撑，唯有经济发展了，村庄才能得到进一步的发展。纵观花园村的发展历程，从一个贫穷落后的小村子到和谐美丽的村级小城市，离不开花园村每一位领导者紧跟时代的发展步伐以及村民艰苦奋斗的实干精神。在改革开放初期的1981年，花园村便成立了第一家工厂开始了创业之路，此后又成立了花园工业公司建立现代企业制度。现在的花园村围绕新能源与新材料、生物与医药、红木家具建立多家大型企业，依托现代科技打造花园村独有的产业，形成良好的产品竞争优势，为当地经济发展带来强劲动力。集体经济发展起来了，村里的财务支出才能更“豪气”，给村民花起钱来更有“底气”，村民的日子更有“生气”。

### （二）强村带动弱村，实现共同富裕

花园村在自己富起来后，带动周边村一同发展经济，是村级单位实现共同富裕的典范。2004年花园村第一次“一次并九村”，2017年花园村再次实行“一次并九村”，将村域面积扩大到12平方公里，村民人口1.5万人，由小变大、由富变强、由村变“市”。这些并入花园村的行政村在统一的规划和管理下得到了发展，企业、工厂、小区等建筑拔地而起，既扩大了花园村的发展空间，又为原来的村注入了经济动力。不仅如此，新并入花园村的村民享受与原花园村同等的31项福利制度，医院、学校、公园等设施也同等开放。花园村在共同富裕的道路上越走越好，共同富裕的“蛋糕”分配越来越公平，村民的生活越来越富裕。

# 西范村：不断提升农村公共服务建设

习近平总书记说，人民对美好生活的向往就是我们的奋斗目标。改革发展最终的目的是满足人民群众对美好生活的向往，实现这一目标的根本途径是发展经济，提高公共服务水平，提高人民群众的收入水平，推动共同富裕建设。台州市黄岩区西范村在村集体经济发展的基础上坚持以农村公共服务为抓手，通过快速发展的经济、公开透明的民主决策、多种类的公共服务全方面完善公共服务建设，是建设美丽乡村、促进共同富裕的典范。西范村位于黄岩主城区西北部，82 省道、北院线穿村而过，交通便利，自然条件优越。全村总面积为 1.5 平方公里，辖 13 个村民小组，总户数为 749 户，本地人口为 2 400 多人，外来人口为 8 000 多人，其中，60 岁以上的为 560 多人、70 岁以上的为 260 多人。2022 年，西范村村集体经济净收入为 2 500 多万元，人均净收入达到 6 万元，村集体资产已超过 5 亿元，年底村集体向每个村民分红 4 500 元。公共福利的普及让更多村民享受到改革的成果，增强了其获得感、幸福感。西范村先后获得省级全面小康建设示范村、省级先进基层党组织、省级基层充分就业村、省级妇联组织、省级绿化示范村等荣誉称号。

## 一、完善公共服务建设的主要做法

西范村区位优势明显，村集体经济较强，外来人口众多。如何治理外来人口、协调好本地村民与外来村民的关系、做到让大家安居乐业是村“两委”密切关注的问题。村“两委”从公共服务角度出发，努力让公共服务工作走深走实，使西范村成为共同富裕的一面典型旗帜。

### （一）发展村集体经济为公共服务提供奠定基础

农村公共服务的提供需要资金的保障，而资金主要来自经济发展尤其是村集体经济的发展。没有村集体经济的支撑，完全依靠地方财政的支持是难以为继的，村集体经济的“造血”功能是关键。2000年以前，西范村年集体经济收入不足10万元，2022年已达2 500多万元。集体经济腾飞的背后是西范村村“两委”的正确决策和村民的自发配合。西范村挖掘集体经济潜力，通过开发特色经济，将原有的农贸市场改造扩建，为村民提供更加整洁有序的规范化交易场所，拓展增收途径，激活了村集体经济的发展活力，为村集体经济发展带来了长效经济收益，促进集体经济与村民收入双丰收。西范村盘活土地资源，在村留地上开发建设标准厂房用于出租，吸引了外来企业入驻与外来资本流入，实现了村集体经济的“自主造血”。现如今房价的提升带动了租金水涨船高，村集体收益随之上升，年收入超过一亿元。村“两委”的经营推动着经济的健康发展，实现了人人能就业、有收入，确保了共同富裕目标的实现。强劲的集体经济实力也为西范村的公共服务建设提供了坚实的经济支撑，为全村基层公共服务水平的提高提供了重要保障，使公共服务的受众更广、福利更多。

### （二）坚持公开透明的民主决策为公共服务提供保障

西范村每年都有大笔的开支用于投资公共服务项目，但20多年来，村集体账目没有一笔出过问题，这得益于村里公开透明的民主决策。西范村深入贯彻落实新时代村级治理“三化十二制”，坚持推行“村两委干部固定办公制”“村两委干部财务联审联签”和“三务每月通报制度”。每月15日、30日，是雷打不动的村干部集中办公日。村“两委”成员根据名牌对号入座，对近半个月的收支情况进行核实签字。对审核通过的小额支出，村财务当场付款。集体办公、财务联审联签大大便利了村民的生活，村民不再需要跑到村干部家签字。村集体开支，有疑问当场提出、当场讨论商定、当场解答，既加快了项目顺利推进，也保证了村务公正透明和矛盾纠纷的及时解决。村干部按章办事，规范村级组织自治有序运行，也极大提升了村“两委”的凝聚力和公信力，村庄发展有了向心力。合理的决策与治理结构使村集体“钱袋子”的管理越来越精细透明，每一笔资金的流向都经过集体讨论、公开会审，保障了西范村投入公共服务建设资金使用管理的规范，赢得了村民的信任和支持。

### （三）建立成熟的养老体系推动公共服务均等化

伴随着老龄化趋势的加重，养老成了村民密切关注的问题。西范村村“两委”坚持民生需求导向，充分保护老年人权益，以“党建统领浙里康养”“党建统领浙里成长”为理念，从“老有所养”方面出发并结合现实，建造村老人协会大楼、村老年公寓，共计投资 2 000 余万元，聚力打造11 000平方米服务阵地，探索“集体统一建设、无偿低偿居住、配套养老服务”的农村集中康养模式。每年固定投入 200 万元运行保障经费，免费为本村 70 岁以上老人提供融吃、住、康、娱为一体的农村集中康养服务。西范村老年公寓总投资 1 800 多万元，建筑面积 10 000 多平方米，其中标准双人间 127 间、单人间 3 间，一共可容纳 257 位老人。凡是年满 70 周岁的老人就能拎包入住，吃住及生活日用品一律免费，每月还能领 150 元补贴。目前，该老年公寓入住人数达 246 人。公寓内设施齐全，有影视播放室、健康检查室、心理疏导室、娱乐室等，室外有健身器材，楼顶还有球场，满足老人多样化、多层次的养老需求，在硬件方面保证老人生活的舒适度。同时，老年公寓内的保护设施完善，在人员安排上有 2 名门卫 24 小时不间断轮班，时刻确保老人的需求能得到回应。此外，西范村还十分重视村民的福利事业，对 60 周岁以上老人每年补贴 1 800 元，90 周岁以上老人每年发放“长寿金”1 000 元，100 周岁以上老人每年发放“长寿金”5 000 元，对 60 周岁以上没有参加养老保险的老人一次性补贴 1 000 元。西范村通过切实的老年福利给出了小康社会“老有所养、老有所乐”的幸福范本。

### （四）构建优质均衡的基本公共教育服务体系

在教育方面，西范村村“两委”依托新时代文明实践站以及现有的场地设施，充分整合资源、结合自身特色，对文化礼堂进行改造提升，建立了乡村复兴少年宫，更新了1 200多册书籍，丰富棋类器材，将文化礼堂打造成一个小型文化综合体，定期为周边的留守儿童、随迁子女等开展知识科普、道德培育、书画培育等活动，丰富其课余生活，满足孩子们方方面面的需求。同时，西范村根据青少年的发展需求，还邀请非物质文化遗产传承人、退休教师、返乡大学生等志愿者，开展多元化、日常化的活动。戏曲馆、武术房等传统特色项目也成了西范村的“抢手项目”，深受少年儿童喜爱。另外，西范村持续统筹协调优质资源，整合“儿童之家”“社区家长学校”等资源，不断升级，满足农村群众和家庭对教育培养未成年人子女的现实需求，引导乡村青少年塑造美好心灵、陶冶高尚情操、提高综合素养，形成正确的价值观、良好的思想道德，养成文明的行为习惯和健康的生活方式。除此之外，村“两委”对于学习优异、考上大学的学生给予一定金额的奖励。考上大学本科的学生凭录取通知书，可获得村里一次性奖励5 000元。其中，对于考上重点大学的学生更是给予5万元的奖励。

### （五）改善公共环境设施设备增强百姓幸福感

在完善公共服务体系的过程中，西范村以加强基础设施建设、优化人居环境为突破口，实施乡村环境整治工程，建立健全村庄环境整治机制，美化村庄环境，完善村庄设施设备，将村庄原先破败脏乱的居住环境改善为整洁干净、舒适宜居，从而提高村民生活的幸福感。西范村清除露天粪坑，添置了垃圾桶，改造、新建了公共厕所，整修硬化道路并补种绿化。同时，西范村还开展“脏乱差”整治活动，投资12万元，建起了30多个垃圾收集点，组建了垃圾清扫队，制定了包日保洁制度，每天2次将收集的垃圾运往中转站进行无害化处理，处理率达100%，生活废弃物处理率达100%，有力改善了农村环境。村内主要道路全部安装了路灯，自来水、用电、有线电视入户率达100%，电话入户率达95%以上。西范村“三改一拆”“清洁家园”“多城同创”“小城镇环境综合整治”等重点工作都走在了黄岩区前列，逐渐成为一个路宽、水清、灯明、村绿、现代化气息日益浓厚的新农村。

### （六）应用数字化赋能高质量公共服务

在数字化改革的大背景下，公共服务数字化已成为一种不可逆转的趋势。西范村加快推行数字赋能，以数字技术提供高质量公共服务。西范村积极探索“互联网+养老”服务模式，用数字化改革撬动养老服务资源整合，推进养老服务智慧化发展，打造智慧型养老服务。截至目前，西范村在“浙里养”智慧养老服务平台基础上，全面构建起“互联网+”乐湾云智慧养老信息化、一家亲居家养老服务、区域健康管理三大平台。三大平台利用互联网大数据技术，建立养老服务综合数据库，衔接社会养老服务专业机构，汇总分析养老服务数据，推出了一系列切合老年人需求的服务。西范村接入人脸识别、无接触测温等人工智能（AI）系统，并为老年公寓的所有老人配备智能手环，系统后台实时记录老人出入院、行动轨迹、健康状况等数据。同时，西范村积极响应黄岩区数字赋能的号召，依托“三化十二制”数字平台搭建本村村务平台，在村级重大事项决议的过程中，实现更加主动和精准的监管，以数字引领基层治理提质增效，发挥基层治理的乘“数”效应。西范村正一步一步将数字技术融入养老服务，融入村庄治理等公共服务体系，使公共服务更加高效精准。

## 二、完善农村公共服务建设取得的成效

### （一）促进了经济再发展

西范村公共服务的完善在一定程度上减轻了年轻人的经济压力，促使其大力推进生产力的发展，村庄整体经济水平得以持续稳定发展。利

用区位优势，西范村逐步扩大集镇框架，抢抓人口红利，大力发展特色市场，带动村民共同富裕。西范村依托街道“红色智囊团”，助力村企融合发展，持续壮大集体经济收入。2021 年，西范村集体经济净收入超 2 300 万元，每位村民享受集体分红 4 000 元，村民人均收入超 5 万元。2022 年，西范村在厂房房顶建太阳能，获得村集体经济收入 100 万元。凭借突出的经济实力，西范村充分发挥溢出效应，带动周边地区的发展。

### （二）增强了村民获得感

西范村对全村村民实行农村合作医疗保险、完善养老服务体系等举措大大增强了村民的获得感，促使广大村民拧成一股绳继续为集体利益而奋斗。西范村在不断优化养老服务的同时，也在逐渐健全托育服务体系，多维度促进婴幼儿健康成长，积极应对人口老龄化。西范村成功打造了老年友好型、育儿友好型社会，解决家庭的后顾之忧，为村民提供大量集体福利，使“老有所养、幼有所教”真正成为现实，满足村民日益增长的美好生活需要。

### （三）改善了营商环境

公共服务的完善、更多的福利服务和资金支持为西范村营造了优质的营商环境，并成为吸引人才就业的优势。除了吸引大学生返乡创业，良好的营商环境还带动了外来人口的流入，为西范村的持续发展注入了更新鲜、更富有活力的“血液”。越来越多的人才在西范村聚集，充分发挥就业的内在积极性、创造性，其利用自身的知识技术优势，有效带动农村重点产业的建设，推动村民增收致富。此外，村“两委”从提高村集体经济的角度出发，努力做到有效沟通，了解企业的发展需求，及时回应并帮助解决各企业需求和供应链堵点、“痛点”问题，助力当地企业平稳发展，全力优化提升西范村的营商环境。

### （四）美化了生活环境

西范村在完善公共服务中推进村庄环境整治。通过全面实施道路硬化工程，实现道路硬化16.5万平方米，占全村地域总面积的11%；实施村庄绿化美化工程，绿化面积达5.5万平方米，村庄绿化率为30%左右；实施农村改厕工程，村内设有公共厕所5座，村民改厕率达100%。此外，西范村村委划定停车区域，保证车辆有序停放；为规范全村店面广告牌，制作了大型门面广告牌；安排专职河道管理人员每日进行两次河道清理，确保河道无漂浮物、河坡整齐清洁；全面拆除了市场周边影响环境卫生的违法建筑达1 000多平方米，全面整改市场环境，大幅度改善了村民的购物环境。

## 三、完善农村公共服务建设的启发

### （一）把强村和富民结合起来

强村和富民是一致的，强村是富民的基础，富民是强村的保障。推进美丽乡村建设、追求共同富裕，必须确保经济基础的牢靠稳固，让村民有取得劳动报酬的渠道，提高村民集体收入，夯实共同富裕的基础。同时，共同富裕的实现离不开村集体经济的发展，要盘活村集体的资金、资产和资源，大力发展集体经济，增强村集体的综合实力，使村集体有足够坚实的经济支撑来全面落实公共服务。

### （二）加大要素投入，推进医养结合

西范村的老年公寓设施齐全，但整体而言，与先进地区仍存在较大差距。应加大要素投入，推进医养结合，根据当地实际情况合理布局规划养老设施服务单元；在老年人中高密度居住区，规划一批社区嵌入式的小型养老机构，同时加强养老服务设施布局点规划与医疗卫生设施规划的有效衔接，争取医疗机构与养老机构相邻。要着力打造医养结合体，加强康复医院和医疗护理机构的建设。同时，在老年公寓内增加临时医疗设施的投入，保证第一时间的急救。此外，还需深入探索“一老一小”整体解决方案，完善社会保障体系、养老服务体系、健康支撑体

系等。

### （三）促进科技与公共服务的结合

科技与服务的结合是时代发展的方向，要促进公共服务与互联网产业深度融合发展，大力培育跨行业、跨领域综合性平台和行业垂直平台。西范村通过数字化手段实现了公共服务的提升，启示我们要积极探索“区块链 +”在公共服务领域的运用。加快信息无障碍建设，切实解决老年人等特殊群体在运用智能技术方面遇到的突出困难，帮助老年人、残疾人等共享数字生活。充分发挥全国一体化政务服务平台一网通办枢纽作用，推动更多公共服务事项网上办、掌上办、一次办，持续提升公共服务数字化、智能化水平。推动科技与公共服务的紧密结合、互融互促，努力打造更高端、更便捷的服务系统。

### （四）注重人才引进，加强软实力建设

引进人才的目的是发挥人才作用，不仅是吸引外来人才，还要做到留住人才，让人才在当地“落地生根”。农村要想实现可持续发展，就要做好人才的聚留工作，加强软实力建设。一是完善当地对于人才的吸引政策，健全公共服务和各项硬件设施，为人才提供良好的生活环境，提高人才的居留意愿。二是实行激励政策，对于不同类型的人才给予分门别类的激励保障模式。如：对于青年创客，给予一定的启动基金和服务支持，完善专业技能的培训普及；对于企业家，要营造良好的营商环境，促进就业。通过完善人才引进政策，实实在在增强村集体的软实力，增强村民幸福感，吸引更多人才流入乡村、回归乡村。

# 荣星村："三治信农贷"拓宽金融支农新举措

金融蓬勃发展，用好"钱袋子"，农民的权益才能得到切实保障。桐乡市荣星村坚持金融的独立性，创新服务模式，将村民的道德素质水平与金融服务深度融合，通过"三治信农贷"满足村民对资金的需求，解决村民"钱袋子"的问题。此举既提高了金融服务的效率和质量，又潜移默化地引导村民形成向上、向善的氛围。不仅如此，荣星村还通过走访服务、开设金融讲堂等形式，有效地向村民普及金融知识。这些举措无疑让百姓的"钱袋子"更满、更安全。如今，"三治信农贷"活动覆盖面不断扩大，授信金额不断增加，成功地为乡村发展浇灌了"金融活水"。

## 一、"三治信农贷"的主要做法

早在2013年，桐乡市就在全国率先探索"自治、法治、德治""三治融合"的基层社会治理实践。"自治"旨在提升基层自我管理的能力，"法治"旨在有效化解村民纠纷，"德治"则旨在提高村民的思想道德素质。2018年12月，桐乡市又进行了新尝试，开展"三治进金融"行动，将"三治融合"理念、农商银行信贷渠道、互联网信息技术有机结合，从而开始在屠甸镇荣星村试点"三治信农贷"。通过将"一约两会三团"作为信用评估载体，荣星村村民可以申请获得无担保、无抵押的低息贷款，用于创业、生产和生活。

## （一）帮助解决农民融资难问题，助力未来乡村

"三农"问题是关系国计民生的根本性问题，是全党工作的重中之重。荣星村位于桐乡市屠甸镇中部，全村目前总人口为2 559人，现有34个村民小组，农户656户，耕地面积为3 180亩。近年来，荣星村不断探索共同富裕模式，紧跟"未来乡村"的发展主题。当地村民虽然已经积极改善农业生产模式以增加收入，但是村民在改变生产模式过程中由于资金因素限制，贷款难、担保难、融资贵的情况在村民中普遍存在。对村民而言，改善农业生产模式需要投入大量的资金，通过银行贷款又存在困难，缺少有价值的抵押物、缺少相关专业性服务和机制等问题在农业农村转型发展历程中长期困扰着农村的金融和村民的融资。迫于这种进退两难的境况，荣星村创新了以"三治信农贷"为基础的"金融惠农"政策，以信用为标准向村民提供资金，满足了村民生产、生活、创业等方面的资金需求，为村民改善生产、生活条件以及创新性想法落地落实提供了完备的资金保障，帮助解决村民融资难问题，激发村民创新创业的动力。

## （二）乡风治理与金融政策结合，提升村民素质

村民生活水平改善的同时，也要求他们有更高的素质，乡风治理迫在眉睫。荣星村大胆创新，将乡风治理与金融相结合，人品和信誉是村民贷款的最好凭证。拥有良好信用的党员、道德模范等基层骨干以及信用状态较好的个人，可以取得更高的授信额度和更加优惠的贷款利率。因此，村民会在日常生活中更加注重自己的言行举止，尽可能做到友善，以便在突发情况下可以获得更多的贷款，这也更有利于邻里之间友好相处，加强自我管理，增强了村规民约的约束效果，激发了"学先进、当先进"的良好氛围，在一定程度上也是对高素质、高道德村民的鼓励；相反，对于那些失信违法、品行不端的村民，将会降低其授信额度，更严重的则会被纳入信用"黑名单"，无法享受"三治信农贷"的优惠福

利。这种金融体系无疑是对良好信用的村民最实在的奖励。荣星村探索搭建了村民信用与金融服务相结合的体系，用潜移默化的方式引导村民自觉遵守村规民约，提高自身思想道德素质，有利于在全村形成向上向善的风尚，为乡村振兴“添砖加瓦”。

### （三）联合上下各部门展开合作，完善服务体系

桐乡市农商银行抓住数字化改革契机，紧扣惠农支农这一关键，以荣星村为试点，全面启动并推进农村数字金融网格试点工程落地。“金融惠农”政策由桐乡市委组织部统筹协调，坚持提升组织能力，由桐乡市农商银行负责实施日常工作，并先后成立了数据开发小组、技术保障小组、金融惠农先锋服务队、普惠金融联络员小组以及众多“三农”金融服务工作站，为村民提供真真切切的资金保障，也向村民普及了金融知识，让百姓的“钱袋子”更满、更安全。同时，为强化党组织对“金融惠农”行动的引领作用，桐乡市委组织部和桐乡市农商银行党委、屠甸镇党委和桐乡市农商银行党委、荣星村党总支和桐乡市农商银行屠甸支行党支部分别签订党建联盟协议，助力金融服务体系的完善。另外，还建立了组织共建、信息共享、服务共推等工作机制。上下联动、政银互动，切实强化责任意识，凝聚服务力量；充分发挥基层党组织在乡村振兴中的领导核心，充分了解村民的需求，全面形成从上到下的保障机制，把金融服务工作落到实处，高质量推动乡村振兴。

### （四）注重把握政策的导向作用，搭乘政策“快车”

2016年，浙江省委经济工作会议首次公开提出“最多跑一次”改革，其意在为百姓办理事务提供更多的便利。屠甸镇荣星村在金融服务领域积极贯彻“最多跑一次”。桐乡市农商银行根据“一约两会三团”评议的综合分析研判，确定最终授信名单及额度，并导入“丰收互联—三治信农贷”信息库，使村民可以通过“丰收互联”客户端在线申请贷款并即时收款。“三治信农贷”就是通过这样一系列流程，将“线下授信”与“线上放贷”相结合，甚至村民足不出户便可以使用网络完成贷

款手续，实现了方便快捷的线上自助放贷提款。村民享受到了更多便捷的服务，真正做到了一次都不用跑。除此之外，2020年，桐乡市出台了《桐乡市三治融合积分管理实施办法》，在这一政策的引导下，荣星村在金融领域进行改革创新，将积分制度与金融挂钩，用积分的形式衡量村民道德素质，以此来确定其贷款利率以及贷款金额，使金融与乡村治理新模式深度融合，搭乘政策"快车"。

## 二、"三治信农贷"的主要成效

作为"三治信农贷"试点村的荣星村勇立潮头、敢于争先，结合自身实际开展政策推广及"三治信农贷"的试点工作，为桐乡市"未来乡村"建设提供经验，取得了显著的成就。

### （一）文明之风吹进了桐乡村民的心中

随着"未来乡村"建设的开展，对村民的素质水平也提出了更高的要求。桐乡市于2013年探索开展"自治、法治、德治"相结合的乡村治理特色实践。"自治"提升了基层自我管理的能力，"法治"有效化解村民纠纷，"德治"提高了村民的思想道德素质。而"三治信农贷"将村民息息相关的经济问题与乡风治理结合，用非强制性的方式让村民自觉提高自身素质。自"三治信农贷"实施以来，得到了村民的积极回应，诚信、文明成了最有价值的"抵押物"，而此举进一步拓展以人为核心的全方位普惠金融覆盖面，让"有德者有得"，切实提升村民获得感。村委会处理的村民纠纷案件数量显著减少，道路上的垃圾消失不见了，村民也能自觉做到垃圾分类。这既提高了荣星村村民的素质，又能有效解决村民贷款难的问题，可以说是一举两得。除此之外，村里的好人好事也不断涌现，激发了学先进、当先进的良好氛围，文明的春风开始由荣星村吹遍桐乡市广袤乡村。如今，荣星村既是全国文明村，又是3A级景区村，实现了美丽的蜕变。

## （二）惠民之意呈现在桐乡政府部门的行动

党的十九大报告提出“健全自治、法治、德治相结合的乡村治理体系”，对乡村治理提出了新的目标和要求。桐乡市有关部门通过“大走访、大宣讲、大解放”活动，深入基层一线进行走访，了解到群众对生产、生活、创业等方面的资金需求较大，即基层金融服务不够完善，针对相关问题精准出击，坚持以人民为中心的思想，积极回应群众的需求和诉求，着眼于破解农村金融服务发展不平衡不充分问题，并与农商银行进行及时的工作对接，讨论制定相关对策。“三治信农贷”模式很快在桐乡市全市得到推广，并衍生出“三治税银贷”“三治商户贷”等针对不同群体的金融信用产品。截至 2023 年 6 月，“三治信农贷”项目已完成 12 余万户农户授信、授信金额超 300 亿元、用信户数达 3.86 万户、用信金额超 122 亿元，切实地惠及了基层的广大群众，使政策落到实处。同时，在普及“三治信农贷”的宣讲过程中，还向村民介绍金融知识，让百姓的“钱袋子”更满、更加安全。

## （三）创新之志盘旋在桐乡村民的脑海

“三治信农贷”让村民融资难问题得到了解决，村民获得了更大力度的资金支持，生产积极性高涨，有了更多的动力去发展创新。农业生产模式转变、产业转型、产业融合发展，如雨后春笋般涌现。首先就是创新农旅融合发展，此举不仅使农业得到了规模化管理，大型农作机器的运用，也使农产品产量上升。同时，荣星村接纳的游客数量也迅猛增长，为当地带来了巨大的经济效益。2019 年，荣星村农业总产值为 2.45 亿元，比上一年增长了约 10%，当年旅游收入为 458 万元，比上一年增长了约 15%。同时，荣星村依托资源禀赋，村民充分挖掘现有产业发展潜力，立足本地资源，发展特色农业，立足产业融合，推动产业“接二连三”，立足城乡一体，形成集聚效应走出了一条通过产业融合促进农村经济发展，建设共富乡村的新路子。进一步助推乡村经济的发展，迸发乡村经济活力。“三治信农贷”成功地为荣星村发展创新浇灌了金融

"活水"，提高村民创新生产的积极性。

### （四）金融之策塑造了桐乡各村的繁荣

桐乡市是"三治融合"的发源地，在"三治融合"行动取得成功后，其被定位为新时代"枫桥经验"的精髓、新时代基层社会治理创新发展的方向。荣星村作为"三治融合"与农村信贷政策相结合的试点村，该政策受到了村民的普遍欢迎，取得了出人意料的成果。荣星村"三治信农贷"这一创新实践成果破解了基层农户小额信用贷的可持续发展困境，切实提升了"金融惠农"效果，为乡村振兴和未来乡村建设提供了典型案例和借鉴。"三治信农贷"在荣星村试点成功之后，桐乡市大力宣传普及"三治信农贷"，"三治信农贷"活动覆盖面不断扩大，授信金额不断增加，"三治信农贷"推广到桐乡市各村庄，越来越多的优质信贷资源投向农村，桐乡市的乡村振兴有了金融保障。截至 2022 年 9 月末，"三治信农贷"项目已完成 65 万户农户授信，授信金额为 1 079 亿元，用信户数为 15.23 万户，用信金额为 259.74 亿元。"三治信农贷"金融政策推进了桐乡市各村的经济社会发展。

## 三、"三治信农贷"的启示

荣星村的特色"三治信农贷"，握牢政策的抓手，打造地方的特色。从村民的"钱袋子"入手，促进基层治理与普惠金融的双赢，有利于在产业发展、乡风建设、乡村风貌等多个维度开展未来乡村建设。"三治信农贷"改变了荣星村的金融体系，使荣星村的"三治"特色发展成为农村金融体制改革、乡村经济发展的一个特色样本，为在未来乡村建设及普惠金融发展的道路上提供了可学习、可参考、可推广的良好范本。

### （一）秉承"融合"理念，融汇"三治"经验，使普惠金融深入人心

"三治融合"治理方式在农民金融融资方面将多种治理融合并举，

来实现更高效、更高质的农民“钱袋子”的治理成就。“三治信农贷”让农民群众从“融资难”的困境，到实现可以用信用、人品等进行贷款的模式，其给予的不仅是资金支持，更是对村民讲文明、提素质、行善举的肯定和鼓励。这一“融合”模式很快在桐乡市全市得到推广，并衍生出“三治税银贷”“三治商户贷”等针对不同群体的金融信用产品。目前“三治信农贷”及其衍生项目已经在授信规模、用信户数等方面取得显著成果，切实惠及了基层的广大群众，使“三治信农贷”落实到实处，使农民的“钱袋子”鼓起来，成为未来乡村建设的有力抓手。

### （二）紧握政策导向，跟进政策风向，为乡村发展不断注入“活水”

桐乡市于2013年探索开展自治、法治、德治相结合的乡村治理特色实践，讨论制定相关对策，并且给予大量资金支持，为乡村发展筑牢基础。荣星村紧跟政策导向，于2018年12月1日举行了“金融惠农”政策启动仪式，同时，桐乡市农商银行抓住数字化改革契机，以荣星村为试点，全面启动并推进农村数字金融网格试点工程落地。荣星村开展了一系列举措，其试点的“三治信农贷”紧跟政策风向，成功影响了农民的生产、生活并成为农村普惠金融发展的良好样本，由点及面，从政策试点村逐步推广，将“三治信农贷”的金融模式逐渐推广。

### （三）秉持民生至上的理念，着眼人民群众切身的利益，打牢“融资后盾”

着眼于村民需求，确保在建设未来乡村的道路上群众利益与政策发展齐头并进。长期以来，农民的“融资难”问题困扰着诸多农业产业的发展与农村生活的改善，农民融资始终存在金融资源匮乏、信息不对称、担保条件苛刻等困境，荣星村紧扣农民“融资难”这一关键点，从金融方面给予农民支持。“三治信农贷”带来的不仅是资金支持，更是对村民讲文明、提素质、行善举的肯定和鼓励。其不仅着眼于农民大众的切实需要，使越来越多的桐乡人将信用换成"真金白银"，同时也推进了民生的进步，紧扣民生至上理念，让文明乡风吹进千家万户。

# 常山县：打造“一切为了 U”的发展环境

城市品牌是城市对外形象的展示，更是城市的核心竞争力。打造好、维护好城市品牌是城市可持续发展的需要，也是全面推进乡村振兴、加快建设共同富裕的要求。常山县位于浙西南，是一个“八山半水分半田”的山区县，也是重要的生态源头县，是著名的“胡柚之乡”。其乡村振兴、共同富裕建设的难度大、任务重，针对如何更好把“青山绿水”转化为“金山银山”，把生态优势转化为发展优势，2021 年 12 月常山县提出了“一切为了 U”城市品牌，2023 年 3 月常山县出台优化营商环境“一切为了 U”十二条举措，全面部署营商环境优化提升“一号改革工程”具体工作以全力打造“全市前列、全省一流”的营商环境最优县。“U”代表“胡柚”“香柚”“茶油”，也是“旅游”，更代表“你”，核心是一切为了你，一切为了人民。经过两年多的打造，改变了常山的城市形象、发展环境，提振了干部群众的精气神，跑出了常山速度。2023 年，全县完成地区生产总值 213.9 亿元，同比增长 7.1%，增速分别高于全国、浙江省、衢州市 1.9 个、1.1 个和 0.3 个百分点；全县一般公共预算收入 19.9 亿元，同比增长 20.0%；全县居民人均可支配收入为 41 206 元，同比增长 6.9%，其中城镇居民人均可支配收入为 52 269 元，同比增长 5.7%，农村居民人均可支配收入为 31 266 元，同比增长 7.8%；城乡居民人均可支配收入比为 1.672，同比缩小 0.033，城乡居民收入差距进一步缩小。

## 一、打造“一切为了U”城市品牌的主要做法

### （一）精深加工，打造“两柚一茶”全产业链

常山县立足自身的特色优势，秉持“一切为了U”核心理念，塑造了具有辨识度的县域特色支柱产业——“两柚一茶”（胡柚、香柚和油茶）。一是充分挖掘胡柚和香柚的潜力，且注重两者的精深加工。“常山胡柚”是浙江省第一个农产品地理标志商标，也是第一个有意识加以培育的农产品区域公用品牌，为胡柚市场的拓宽增添动能。常山县的企业，如艾佳、柚香谷、天子果业等纷纷立足产品深加工领域，开发出双柚汁、胡柚果脯等胡柚食品，并逐步向胡柚精油、胡柚面膜等高精尖方向发展。二是紧跟数字化改革浪潮、整合“产学研”资源精研油茶。常山县立足油茶资源禀赋，紧跟数字化改革浪潮，大力推进油茶产业发展。在数字化建设上，建立了“油茶产业大脑”；在创新发展上，探索出“千村万元”林下经济；在榨油工艺上，引进国际先进冷压榨技术。同时，强化校企“产学研”合作，与南京大学、杭州电子科技大学等高校、科研院所建立战略合作，成功搭建20家院士专家工作站、13家博士后（博士）工作站，柔性引进院士、专家100余名，涉及通信技术、智能化改造等多个行业领域，用“人才引擎”激活产业发展动能。

### （二）凸显文旅，建设诗画风光景观体验带

常山县是中国最美乡村旅游目的地、省级全域旅游示范县，生态资源、区域环境独具先天优势。“U”也是旅游的代名词，常山县充分利用景观的文化内涵打造文旅配套体系。一是根据诗画风光带各段的不同资源禀赋，沿常山江布点开展新时代美丽乡村建设。打造“宋诗之河”文化带，以万亩胡柚、万亩稻田、万亩竹林为形，以招贤古镇、定阳古街为体，谋划建设万寿古寺、赵鼎考古公园、宋诗文化公园“一寺两园”。二是打造沿线文旅配套住宿、餐饮服务体系。加快“文化旅游博览中

心”建设，着力引进魅力风情驿站、知名高端酒店等，植入民俗、节庆、赛事等活动，建设钱塘江诗画风光带最佳体验段，展示“千里钱塘江、最美在常山”的景象。

### （三）惠企利民，构建营商环境工作体系

营商环境关乎一个地方的企业数量与创新活力，常山县在营商环境的全面优化上以市场主体感受为第一感受，全面优化审批流程、提升服务质效，真正以政务效率换取发展效率。一是构建精准营商政策体系。常山县对标全省“5 +4”稳进提质政策体系①精准直达要求，梳理惠企政策 248 条，兑付资金 6 亿元，受惠主体达 2 157 个，其中免申即享、即申即享政策 204 条，占 82%。深化开展“常青藤”驻企服务行动，创新“亲清健康加 U 站”，企业问题协调解决率达 99% 以上，为企业减负降本 7. 7 亿元。二是全面推进“互联网 + 政务服务”。常山县至今已实现县乡村三级全覆盖，一网通办率达 98. 5%。推进政务服务“好差评”工作，政务服务好评率达 99. 9%。

## 二、打造“一切为了 U”城市品牌的成效

### （一）产业链条创造经济效益，激活了“一切为了 U”的经济价值

常山县实现了“两柚一茶”产业的规模化发展和产品品质的大幅度提升。2022 年，常山县两柚种植总面积为 11. 6 万亩（其中胡柚为 10. 6 万亩），总产量为 12. 5 万吨（其中胡柚为 12. 2 万吨），年产衢枳壳原药材6 000多吨，产业总产值达 35 亿元，同比增长 20%。在柚香谷、艾佳、天子果业等龙头企业带动下，通过创新“共富果园”模式、打响“一份

① “5 +4”稳进提质政策体系，即扩大有效投资、减负强企、科技创新、“两稳一促”（稳外贸、稳外资、促消费）、民生保障“五大政策包”，和财政、自然资源、金融、能源“四张要素清单”。

常礼”品牌、举办“UU”音乐节等举措，目前已经实现了“种植、销售、加工、研发、文创、农旅”全产业链发展。仅仅胡柚一种水果，就做到了全果利用、吃干榨尽，开发出双柚汁、NFC胡柚汁、胡柚膏等82款产品，产值突破40亿元，鲜果价值从每袋10元向每个10元跃升，实现助农增收10亿元以上。

### （二）乡村文旅创造文化效益，凸显了“一切为了U”的文化价值

共同富裕的一个重要维度是精神富裕，包含文化的富足。常山县挖掘地方文化价值，在推动物质富足的同时推进了精神富有。常山江汇聚了两宋数十位著名诗人的足迹，常山县充分利用1 000余首宋诗文化打造“宋诗之河”风景线。“宋诗之河”纳入钱塘江诗路黄金旅游带规划，成功举办中国山地自行车公开赛、龙舟赛、国际皮划艇精英赛等高规格赛事，2021年沿线旅游接待180.3万人次，旅游总收入达22.4亿元。目前，已完成诗画风光带何家乡段“餐饮旅游观光带”、3 000亩食用竹、“江水伴花海带”以及青石和招贤段的“美丽乡村风光带”项目建设，成为独具胡柚景观的特色沿线风貌，“宋诗之河”风景线沿岸的乡村风貌焕然一新。

### （三）政策出招创造共富效益，发挥了“一切为了U”的共富价值

优质的环境和高效的营商环境，为常山县吸引了众多项目落地，在多个领域实现了新的突破。如，衢州市首个纳入国家级交通规划的常山江航电枢纽项目顺利开工；总投资90亿元的华创铜箔项目作为全市唯一代表在浙江省集中签约仪式上成功签约并落地；引进天马股份，实现上市公司零的突破；先导精密、环宇轴承两家企业入围工信部专精特新“小巨人”，成功实现零的突破。总体上，常山县优化营商环境吸引了众多项目，惠及诸多的企业，也带动了就业市场的灵活运作，使发展成果

更普遍地惠及更多民众，助推了常山县共富之路的发展进程。

## 三、打造“一切为了U”城市品牌的经验启示

### （一）练就产业内功，城市品牌吹响共富号角

品牌不是喊出来的，要有强大的内在做支撑，练好内功是制胜王道。品牌是变量，也是流量。常山县的“一切为了U”“一份常礼”“鲜辣常山”“宋诗之河”等品牌，无一不是先练好内功、做强自己，秉持着因地制宜、尊重规律的发展理念，将特色产业与资源创新相结合、与农企利益及其全面发展相结合，巧借外力进行创新研发，不仅挖掘了产品的附加值、延长产业链，推动“两柚一茶”等农特产业向第二、第三产业延伸，扩大了市场上的影响力、释放品牌价值，也保证了农户增收的稳定性，促进了产业的全方位可持续性发展。

### （二）发掘文化内涵，乡村文旅赋能精神富裕

历史文化作为乡村的重要资源，具有不可替代的史学价值和文韵底色。常山县充分依托村庄特色和人文优势，组织开展乡村旅游研学、传统农事体验等系列村野活动，重构社群空间，激发共建共享新动力，打造具有辨识度的乡村文旅品牌。如，芳村镇芳村村把“宋韵文化”作为最大亮点，对芳村村老街进行了改造，布置了方腊纪念馆，建设宋文化主题高端民宿两家，箍桶、打铁等传统手工业重新在老街布置。文化价值极强的穿透力、爆发力和引领力在带动经济向好的同时，也促进了民众的精神富裕。

### （三）政策精准定位，部门联合出力纾困增效

系统思维、创新打法，是做好各项工作的方法指引。常山县在“两柚一茶”产业的整体营商环境打造过程中，都在体系化推进，并在深入探索中持续迭代创新。以油茶产业为例，常山县政府多管齐下，以工业

化、链条化模式推动油茶产业规模化、品牌化发展，奋力打造“浙西油库2.0版”；制订出台油茶产业2023—2025年三年行动方案，为“十四五”期间产业发展道路指明方向；发布“油茶新政十八条”[①]，从土地流转、油茶低改、林下经济、采收加工、新品研发、销售宣传、招商引资等全产业链各环节加大扶持力度，完善油茶产业生态，激发主体积极性。

---

① 制定出台“油茶新政十八条”，从土地流转、油茶低改、林下经济、采收加工、新品研发、销售宣传、招商引资等全产业链各环节加大扶持力度，促进全县油茶产业生态完善。在不影响区域生态环境的前提下，扩大油茶种植面积，改造提升低产、低效林，提升油茶生产能力，提高林地利用率和产出率。

# 黄岩区：校地合作出成效

科技是第一生产力，科技成果有效转化是推动生产发展的关键，而学校与地方（校地）合作是推动科技进步的有效途径。台州市黄岩区以科技谋发展，以合作赢进步，结合本地生态资源优势和产业特点，积极推进校地合作，先后与同济大学、清华大学、南京中医药大学、浙江大学以及上海研究院通力合作，借智借力，不断探索校地合作新模式，借力高校智慧，依托“项目+实地指导”“试点+科研平台”“课题+理论探索”等方式，开展“产学研”合作，创造条件吸引专家团队集群式扎根黄岩区，让智力资源和特色产业深度融合，让更多研究成果在黄岩区落地，助力黄岩区共同富裕建设。据统计，近年黄岩先后共与10余所知名高校开展校地合作，推进了32个项目，涵盖蜜橘产业振兴、中药材产业发展、古村落保护、农村文化礼堂建设等领域。从一位专家到一所学校，从一个村庄的共同富裕实践到全区的共同富裕建设，黄岩区不断探索校地合作的新内涵和新内容。在校地合作的助推下，黄岩区入选了全国农业科技现代化先行县共建名单、国家农产品质量安全县名单，并在“2022年中国工业百强区”排第88名，被列为全国科技创新“百强”区。

## 一、校地合作助力创新发展的做法

如何把高校的科研成果和地方高质量发展结合起来，是推动创新发展的有效形式。黄岩区积极主动和高校合作，利用校地合作整合知识、技术、人才等创新要素，激发地区发展的强劲内核，在更高起点、更高水平上推进更大范围、更宽领域、更深层次的创新发展，创造更大效益与合作价值。

## （一）理念先行，重视科技创能

黄岩区坚持以新发展理念为指引，聚焦“科创赋能永宁，深度产城融合”，不断擦亮“千年永宁、中华橘源、模具之都”金名片，努力把黄岩区建设成为“产业创新、活力人文、品质生态”的台州市科创中心核心承载区。黄岩区不断聚焦区域产业特色，大力引进科技兴农人才，持续深化与长三角地区高校和浙江省农业科学院等科研院所的合作，相继引进了以同济大学杨贵庆、南京中医药大学谈献和、浙江大学田生科等为代表的知名专家、学者，促成同济大学美丽乡村规划教学实践基地、中德乡村规划联合研究中心、浙江黄岩柑橘科创中心数字化基地、中国杨梅科创中心等实践基地落户，为黄岩区乡村振兴战略的实施与高质量创新发展，提供了强有力的人才支撑。

## （二）主动出击，吸引高校团队入驻

自 2013 年起，黄岩区主动聘请同济大学杨贵庆教授担任美丽乡村规划建设专家智库首席专家，推动宁溪镇乌岩头村、屿头乡沙滩村、北洋镇潮济村等一批“空心村”活态再生。2018 年，为突破黄岩区中草药发展的瓶颈，招才引智南京中医药大学谈献和教授，因地制宜大力发展中药材种植。2021 年 5 月，黄岩区与清华大学社会科学学院签订合作协议，共同开展“共同富裕县域城市标准课题”研究，探索以县域为基础的共同富裕标准，为实现共同富裕先行探路。2018 年 7 月，黄岩区人民政府与中国科学院上海有机化学研究所正式签约，整合双方优势资源，共建中国科学院上海有机化学研究所台州研发中心，旨在打造“国内一流、国际先进”的生物医药工艺研发平台。在黄岩区政府的主动出击下，校地合作全面推进，学校和地方建设协同发展。

### （三）实事实干，开展深入校地合作

同济大学和黄岩区正式建立战略合作关系后，利用优势学科资源搭建校地合作平台，与地方产业进行对接，促进“产学研”深度融合，并不断探索与地方协同发展的模式，将创新成果转化为发展动能。10多年来，一批又一批同济大学优势学科的学者与黄岩结缘，校地合作也从最初的乡村振兴向产业规划、工业设计、文化复兴等多个领域开拓。2017年，黄岩区委、区政府制订黄岩柑橘振兴的十年规划，出台了一系列加快发展的扶持政策，并在2019年制订了创建“中华橘源”的实施方案，出台了《关于加快黄岩蜜橘等精品水果产业发展的政策意见》，对于新种植30亩以上本地早蜜橘等优良柑橘品种的橘农，给予每亩4 000元的补助，支持发展优质柑橘培育基地，也为浙江大学田生科教授及其科研团队的研发提供了较大力度的支持。黄岩区政府与清华大学社会科学学院自2021年5月19日签订课题研究合作协议以来，致力于共同探索县域层面推动共同富裕指标体系建设，并推出了旨在通过打造数字化社会心理服务体系来培育积极社会心态、提高民众幸福感、助推共同富裕的永宁幸福中心项目。中国科学院上海有机化学研究所与黄岩区有着多年合作基础，双方共建的台州研发中心，经过多年的摸索，总结出了一套“上海孵化、台州转化”的产业模式。特别是马大为院士团队的高端医药项目在黄岩区深耕多年，其研究成果已顺利实现产业化。

### （四）互相支持，实现互利互惠共赢

校地合作成功与否的关键在于能否实现互惠共赢。为推进校地合作，黄岩区为高校提供必要的资金、优越的条件以支持其进行研究实践，各高校把黄岩区作为研究基础，专家团队扎根黄岩区，以确保科研成果就地转化。2023年夏天，通过建立大学生社会实践基地等途径、方式，黄岩区开启了与南京中医药大学的新一轮合作，使优质高校资源下沉到基层，实现资源共融、优势互补。这不仅惠及更多药农，还为今后双方更加深入长久合作建立了坚实的基础。同时，黄岩区也以举办第二届台州

市药物工业发展研讨会为契机，加强校地交流合作，助力“产学研”深度融合。

## 二、校地合作助力创新发展的成效

科技引领、校地合作为黄岩区高质量发展搭建了新平台，提供了新机遇，注入了新动能；推动黄岩区产业项目投资量增质升，打造投资平台新高地；为黄岩区科技创新与区域发展增能蓄势，加快了当地新发展格局的构建。

### （一）优质产能释放，生产效益提高

黄岩区坚持创新驱动发展，紧扣科技创新体系建设，不断提高技术创新能力，科技发展取得长足进步。在南京中医药大学谈献和教授团队带动下，黄岩区中药材产值从 2015 年不足 200 万元上升至 2021 年的 5 607万元。扎根在黄岩西部的乡村振兴学院，创成国家级传统村落 5 个、省级传统村落 3 个，以及 47 个村列入浙江省历史文化村落名录库、6 个村入选浙江省未来乡村建设试点。浙江大学田生科教授筹资在黄岩区宁溪镇岭根村打造了占地近 200 亩的精品柑橘现代示范园，帮助 50 余名低收入村民增收，村集体收入得到百倍的增长；带动全镇新增精品柑橘种植基地 10 多个，新增就业岗位 650 余个。

### （二）投资环境升级，投资平台优化

在黄岩区与各高校合作后，投资环境显著升级。各高校提供的先进技术带动黄岩区产业发展，扩大市场容量，挖掘资源的潜在价值，深化资源的利用程度，显著提高劳动者的劳动水平，校地合作带来了更强的合作影响力，产生品牌效应，直接带动投资环境的升级。黄岩区通过与南京中医药大学等诸多高校合作，开展人才培训、科研项目等合作，为农业企业提供更多的人才支持，拉动生产力升级。在谈献和教授的指导下，2018 年夏，黄岩区出台了中药材产业发展规划与扶持政策，吸引外

来工商资本投向药材种植，将黄岩区西部荒芜的山野开发成药材基地。

### （三）科研价值落地，科研成果转化

科技成果转化是推动高质量发展的关键。与同济大学的校地合作聚焦黄岩区七大主导产业，深化科研资源共享、科研平台共建，探索建立科研人员互访交流机制，构建以企业为主体、市场为导向、“产学研”深度融合的科技成果转化应用体系。同济大学与黄岩区将以设计创新中心为平台，打造一个集全球设计师、院校、学生、设计企业和制造业企业于一体的“云”设计交流平台，促进知识产权保护和成果交流。清华大学与黄岩区一同携手，加快构建全域积极心理服务体系，黄岩区的幸福产业将坚持市场导向，突出开放创新，将数字化电子科技设备更好地应用到心理知识科普中。黄岩区“永宁幸福科学馆”是三年校地“双向奔赴”的美好结晶，也是幸福科学从一个学术概念走向社会、走向人民的实践基地。近年来，中国科学院上海有机化学研究所与黄岩区的合作，带动其自身更多科研产品在黄岩区转化，更大发挥效应，更好地服务地方经济发展。

### （四）科技水平提升，科创能力强化

浙江大学田生科教授从 2018 年起扎根宁溪镇建立红美人种植示范基地近 200 亩，搭建智慧物联网和水肥一体化系统，研究推广土壤改造、限根栽培、定量施肥等技术。南京中医药大学谈献和教授领衔的团队正在开展菜头肾优质种源选育、产品性状鉴别与有效成分分析、林下栽培规范化生产技术等研究，为菜头肾道地药材认定、规模经营、产业链开发提供技术支撑。另外，其团队还开展了当地特色中药材“黄岩陈皮”的品种遴选和采收加工的技术规范以及“黄岩陈皮”的质量标准制定等方面的课题研究，目前已经做了 17 个批次分组对比实验，取得了阶段性成果。在各高校的指导帮助下，黄岩区在各个领域都产生了新型产品与生产方式，整体科技研究水平飞速发展。

## 三、校地合作助力高质量发展的启示

黄岩区与多所高校加强协同、携手共进，探索出创新型的长效合作机制，打造了独具特色的校地合作样本，不仅促进了黄岩区产业体系现代化水平的提升，加码推进了黄岩区多维度、多领域、多业态的长足发展，也为高质量发展提供了可迭代的宝贵经验与可复制的生动实践案例。

### （一）重视科技作用，强化科技赋能

科技创新是现代化产业体系创新性的核心要素。黄岩区强化校地协同创新，利用高校的科技优势与科研成果，将科技资源优势转化为创新发展态势，推动了蜜橘、中医药、新能源产业的发展。地方政府应通过校地合作等多元合作模式引进技术，把发展科学技术作为经济建设和社会进步的战略支撑，有意识地提升科技创新能力，建立更加完整的科技创新体系，促进创新成果的转化与应用，由此点燃发展新引擎，激活发展新动力。

### （二）积极开拓合作，共赢互利互惠新局面

合作作为一种双赢的形式，可以推进资源共享，达到优势互补，降低合作双方的风险，实现互利共赢，提高生产力，促进社会发展。黄岩区与高校开展的校地合作，一方面促进了地方经济的发展，另一方面推动了科技创新，加强了“产学研”深度融合，促进知识与经验的交流共享。学校可以通过提供实践教育基地、技术服务平台等方式为地方政府或企业解决实际问题，提供专业支持，而地方政府或企业也可以为学校提供实践场所和实验资源，为学校的教学和科研提供支持，实现双赢局面。黄岩区的校地合作经验表明地方要结合特有的资源，因地制宜，选择特色产业，与有对口专业的高校进行针对性合作，将高校最新科研成果迅速转化为地方产业发展的新项目，最大限度地发挥合作的磁场效应，实现效益价值最大化，为地方高质量发展赋能增势。

### （三）重视人才培养，引入人才活水

人才是第一资源，是强有力的生产保障。黄岩区通过与南京中医药大学等诸多高校合作，对接高校专业链与地方产业链，开展人才培训、科创研究等项目，为农业企业提供坚实的人才支撑。黄岩区将发展中药材产业作为全面推进乡村振兴的重要抓手，加大中药材种植、加工、康养等方面的发展和技术培训力度，着力培育出一批懂技术、能示范、善经营的农村中药材生产技术人员，为黄岩区中药材产业发展夯实人才基础，有效促进农民持续增收，以产业发展助推乡村振兴。地方政府要以区域发展的人才需求为导向，通过校地合作扩展全域人才规模、提升人才质量、优化人才结构、提高引才质效，完善高层次、高素质应用型专业人才培养体系，将高校人才、智库、数据、信息等人才资源优势与地方产业、文化、生态等发展资源优势进行双向衔接、融合协作。

### （四）加强政府支持引导，推动深层次高水平合作

在黄岩区的校地合作过程中，政府为合作的顺利展开提供了强有力的支持与充分可靠的保障。从发布政策、举办研讨会、提供资金支持到提供资源，地方政府努力服务好各高校在本地的需求，为校地合作创造有利条件，提高了合作效能。各地政府在合作中都应当在适当的范围内尽己所能，发挥政府在地区发展上的前瞻性，找准合作定位，牢牢把握合作方向，主动谋划合作战略，拓宽合作领域与合作路径，营造良好合作氛围。与此同时，统筹整合各级财政和社会资金，主动在“产学研”阶段介入并出台奖补政策，提供产业孵化资金支持。此外，政府还需持续优化投资营商环境，保障资金的多渠道投入，营造良好的发展生态系统，构造“政产学研”结合的高质量发展体系，确保取得合作双方都满意的结果，从而增强区域合作原动力、新活力，实现共赢发展。